民話の森叢書2

シャルル・ペローとフランスの民話

樋口淳／樋口仁枝　編訳

民話の森

まえがき　――ペローとフランスの民話――

フランスの民話は、日本人にはとても親しみやすい世界です。「赤ずきん」「シンデレラ（サンドリヨン）」「青ひげ」「眠れる森の美女」「親指小僧」など、誰でもすぐに三つや四つの話は、思い出せます。もしかすると日本の民話よりよく知られているかもしれません。

これは、いうまでもなくシャルル・ペロー（一六二八－一七〇三）のおかげです。ペローはコルベールの片腕としてルイ十四世の宮廷に仕えた政府高官ですが、その最晩年に自分の子どもたちや宮廷人たちに語りかける、韻文による物語詩や、子どもたちにも親しみやすい散文による『がちょうおばさん（マザーグース）の話』を、次つぎと公表して後の世の読者にフランスの伝承（tradition）の貴重な記録を残してくれました。

ペロー以前のフランス民話の記録には、大きくいって二つの流れが考えられます。

一つは『狐物語』やマリー・ド・フランスの『レ』やファブリオーに見られるようなフランス中世文学の伝統です。そこには口伝えに基づく話が数多く収められていて、当時の人々の生活や思想を生きいきと伝えてくれますが、その読者はおおむね読み書きのできる知識層に限られていたようです。

これにたいして、もう一つの流れはルネサンス期に登場するいわゆる民衆本の伝統です。市場などで売られていたこの種の本には、農事暦や日常生活の手引きにまじって口伝えの民話が多くみられます。

民衆本のガルガンチュア

なかでもフランソワ・ラブレーが『パンタグリュエル』や『ガルガンチュア』のヒントを得たという『大巨人ガルガンチュアの名状しがたい大年代記』はよく知られています。こうした民衆本は、近世に入ると行商たちの手によって、フランス各地に伝えられ、地方の町や村の文字を知る人たちを喜ばせただけではなく、朗読や語り聞かせによってその周囲の文字の読めない女性や子どもたちのあいだにも楽しみを広げることとなりました。

ペローはしかし、必ずしもこうしたフランス中世やルネサンスの文学的な伝統には頼らなかったようです。彼は、自らが直接耳にした話や、当時のサロンの教養に従って、イタリアのストラパローラの『楽しい夜』やバジーレの『ペンタメローネ』を下敷きにしてその『昔話集』をつくりあげました。そこには、当代一流の文人であった彼にふさわしい修辞（レトリック）やお洒落な工夫がみられますが、その最もすぐれた特色の一つは、読者としての子どもの存在を認め、民話を「私たちの先祖が子どもたちのためにつくった物語」と明確に規定したことにあるように思われます。

民話（folk tale／conte populaire）は、もちろん子どもたちだけのものではありませんから、この規定は必ずしも妥当なものではありません。しかし、よく知られているように、フランスの中世文学には「子ども」は存在しませんでした。知識層であれ民衆であれ、読者はすべて大人でした。ところがペローとその同時代人やそれ以降の作家たちは、それまで相手にしていた宮廷人やサロンの女性だけでなく、子どもたちにも語りかけはじめたのです。

そして十七世紀末以降の文学者たちは、たとえば「美女と野獣」の作者として知られるボーモン夫人のように、積極的に子どもたちに語りかけようと試みます。そして民話はそのよい素材となりました。歴史学者のアリエスが鋭く見抜いたとおり、台頭するブルジョアジーたちは物語の読者としての子どもを発見し、子ども向けの読み物を生みだしたのです。

しかし、せっかく「発見された」子どもたちは、同時に格好の啓蒙の対象でしたから、大人たちはたちまち物語を教育の窮屈な檻に閉じ込めてしまいます。これは、とても残念なことですが、しかたありませんでした。ペローというすぐれた先駆者をもちながら、フランスの民話はきちんとした口伝えの語りの記録や研究に発展することはなかったのです。

しかしその一方で、田舎まわりの行商たちは「青色文庫」と呼ばれる民衆本を売りあるき、ペローを初めとするさまざまの民話を津々浦々に広め、村の語りを豊かなものにしていきました。

ヘンゼルとグレーテルの挿絵

こうして、一度は見失われてしまった民話が、フランスでもう一度見出されるためには、話は一度フランスを離れて、お隣のドイツを経由する必要があります。

ここでドイツというのは、もちろんグリム兄弟とその『子どもと家庭のための童話集』のことです。ペローの『がちょうおばさんの話』から百年あまりを隔てた一八一二年のクリスマスに初版が刊行されたグリムの民話集は、版を重ねるごとに豊かになり、「白雪姫」「ヘンゼルとグレーテル」「ブレーメンの音楽隊」など世界中に愛されている話をいくつも収めることになります。そして、この二人の仕事は、それ以降の民話集のお手本となったばかりか、その後のすべての民話研究の出発点ともなったのです。

実際、グリム兄弟の仕事は、それまでのどの民話集とも違っていました。二人はおそらく、世界で初めて語り手の声に耳を傾け、その声を忠実に記録しようとしたのです。もちろん、二人(といっても、ことに弟のウィルヘルムのほう)は、語り手の話に積極的に手を入れましたが、いわゆる作家として作品の完成をめざしたわけではありません。それは、話を口伝えのもとの形にもどし、より豊かな語りとするための努力であったといってよいでしょう。

二人の記録した話の多くは、語り手が誰だったのか遡って知ることができますし、今日でも民俗学の資料としてきわめて貴重です。

彼らの民話集以降、二人の仕事を手本として、ノルウェーのアスビョルセンとモオ、ロシアのアファナーシエフ、イギリスのジェイコブズなどの素晴らしい民話集がヨーロッパ中にいくつも出来上がりました。

フランスの場合にも、十九世紀の後半にはエマニュエル・コスカンの『ロレーヌの民話』、リュゼルの『低ブルターニュの民話』、ブラデの『ガスコーニュの民話』などの本格的な民話集が誕生します。なかでも高ブルターニュ地方を中心としたポール・セビオの活躍はめざましく、民間伝承学会の創立や雑誌「メリュジーヌ」や「民間伝承」の刊行を通じて、フランス全土の民俗学研究者の組織化を試みました。日本の民俗学の創始者である柳田国男も《口承文芸》という言葉の生みの親として、セビオの名前を第一に記録しているほどです。

ところで、グリム兄弟がこうしたヨーロッパの民話記録の基礎をつくることができたのは、彼らがたんに文学者として立派であったためばかりではありません。二人は、研究者としてもきちんとした見識をもっていたのです。

彼らは当初、ドイツ・ロマン派の一員として、失われたゲルマン民族の魂を伝える手掛かりとして民話を記録しはじめました。しかしヘッセン州の片田舎にある故郷のカッセルで話の聞き取りを始めた二人は、やがて民話がドイツという枠組みを越えてインド・ヨーロッパという広大な

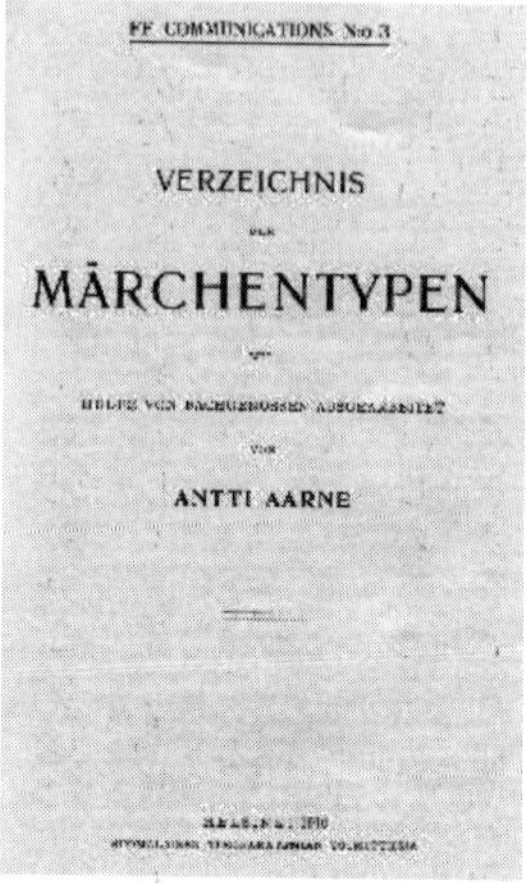
FF COMMUNICATIONS No 3

VERZEICHNIS

MÄRCHENTYPEN

ANTTI AARNE

アアルネが1910年に発表した最初の話型カタログ

広がりをもつ世界に共通していることに気づいてしまいます。そしてこのことは、民話の起源に関する論争を巻き起こし、神話学・言語学のマックス・ミュラー、サンスクリット文献学のテオドール・ベンファイ、人類学のアンドルー・ラングなどといった研究者たちのあいだで国境を越えた熾烈な議論が戦わされ、フランスからもコスカン、ゲド、ベディエなどがそれぞれの立場から論争に参加しました。

　彼ら十九世紀の研究者たちの考えはいずれも、民話そのものの発生や起源を問うという人類史や宇宙論にかかわるスケールの大きなものでした。けれども、二十世紀に入ると研究はこうした壮大な仮説をカッコに入れて、よりきめの細かいものになってゆきます。「民話が、いつどこで生まれたか」という発生や「どのようにして伝えられたか」という伝播についての関心は相変わらずでしたが、対象が個々の話に移り、それぞれの話ごとの国際的な比較が始まるのです。

　この民話の国際比較研究にとって、まず忘れられないのが、フィンランドのアンチ・アアルネ（一八六七－一九二五）とその志を継承したアメリカのスティス・トンプソン（一八八五－一九六七）の仕事です。彼らは、民話を人類共通の遺産と認め、その比較研究を行なうためには、まず基礎となる分類がしっかりしていなければいけないと考えました。そしてアアルネは、話の構成要素であるモチーフとその配列がよく似た類話を集めた「話型」を作り、さらにその話型を整理して分類カタログをつくったのです。これが有名な『民話の話型カタログ』（一九一〇）です。アアルネのこの仕事は、のちにスティス・トンプソンによって補われ、一九六一年版のカタログからは、話型にはすべて両者の頭文字をとってATというナンバーが打たれることになりました。現在ATのカタログには二五〇〇の話型が用意され、さらにこれが動物民話、本格民話、笑話、形式譚の四つのグループに分けられます。本書の分類もこの原則に従っているので、ここで簡単にこの分類について説明しておきましょう。

Ⅰ　動物民話（AT1〜299）

「しっぽの釣り」や「ブレーメンの音楽隊」のように動物を主人公とした話です。人間が登場することもありますが、一般にその役割は大きくありません。『イソップ物語』のような古代・中世の動物寓話の流れをひくこともありますが、その数はあまり多くありません。野ウサギやカメのようないたずら者（トリックスター）を主人公とする話が、ブラック・アフリカやアメリカ先住民などの未開社会の語りに多く見られ、天地創造や作物の起源などの神話と境を接していることもしばしばです。

Ⅱ　本格民話（AT300〜1199）

人間を主人公とした複雑な構成をもつ民話で、これはさらに①魔法民話、②宗教民話、③ノヴェラ、④愚かな鬼の話の四つに分けられます。

①魔法民話（AT300〜749）

本格民話のなかでも、最も民話らしい不思議にみちているのが「魔法民話」です。そこには、魔女や巨人や小人の住む不思議な世界（他界・異界）で繰り広げられる主人公の冒険が語られています。主人公は、しばしば異類婚姻や異常誕生によって生まれたパワフルな存在ですが、みずからの未熟さや敵の罠によって再三ピンチに陥ります。しかし最後には、超自然的な援助者や魔法の品物のおかげで勝利し、美しい王女や宝物を手にいれます。ヨーロッパで「メルヘン」「妖精物語」と呼ばれる話は、もっとも狭い意味ではこの魔法民話をさすといってよいでしょう。

サン・ジョルジュ（聖ゲオルギウス）の龍退治

②宗教民話（AT750〜849）

魔法民話の魔法の要素がうすれて、宗教的な奇跡や教訓がそれにかわる働きをする型の話です。イエスやペテロのような神や聖人が、遍歴をかさねながら奇跡を行ない、教えを説き、「悪魔に売られた子」の場合のように敵としての悪魔や死神から魂を教いだすパターンが多くみられます。

③ノヴェラ（AT850〜999）

魔法民話の「魔法」や宗教民話の「奇跡」の要素がうすれ、魔女や巨人や悪魔との闘いが人間関係の葛藤や試練にかわると「ノヴェラ（物語）」となります。主人公は「なぞときの王さま」や「領主と司祭」の場合のように、人間的な知恵や努力によって困難な状況を切り抜け、幸せを勝ちとります。

④愚かな鬼の話（AT1000〜1199）

悪魔や人食い鬼のような超自然的な敵対者が登場しますが、彼らはすでに他界の住人としての迫力を失っています。「女は悪魔より賢い」や「ラミナとお婆さん」の場合のように、ちょっぴり人間を脅かしはしても、最後は人間にだまされ、からかわれて、退治されてしまいます。

Ⅲ　笑話（AT1200〜1999）

構成が比較的単純で覚えやすく、世界中で愛されている笑話は話型も多く、無数に近いと言えます。

笑話の代表的主人公である愚か者ばかりが住む「愚か村」も世界各地に見られます。

笑話の世界では、世俗の権力や道徳や知識はあまり役にたちません。そこは、むしろこの世の秩序が逆転する見事な「反世界」だと言えるでしょう。日頃いばっている王さまや役人が笑いのめされ、しかつめらしい司祭や僧侶も実は好色で欲ばりで、きわどい艶笑譚の種にされてしまいます。

嘘つきや泥棒が大活躍する話も多く、「泥棒の名人」などはそれほど罪はありませんが、「ルネと領主」の場合などは、むしろ残酷と思われるほど悪が勝利します。こうした不道徳というより無道徳ともいうべき主人公は、動物民話の野ウサギやクモのトリックスターと同じパワーを秘め、知恵をそなえています。

「大きなかぶ」の絵葉書

Ⅳ　形式譚（AT2000〜2399）

もっとも短いタイプの話です。言葉の遊戯性が強く、その形式やリズムの面白さが聞き手をひきつけ、ときには語りの場の雰囲気をつくりだす大切な役割を果たします。「大きなかぶ」や「こぶた」のような累積譚、「赤いオンドリの話」のようなひっかけ話、「川をわたる羊たち」のような果てなし話などいくつかのパターンがあります。話をしつこくせがむ聞き手の子どもや大人たちを煙にまき、語りの場を閉じる機能も大切です。

アアルネ－トンプソンによるこうした話の分類や話型の設定は、彼らに馴染みの深いインド・ヨーロッパ世界の民話中心のもので、アジアやアフリカなどの豊かな語りの世界をすべて包み込むことができませんでした。しかし、国別カタログを作製した日本の関敬吾や韓国の崔仁鶴の試みが示すように、ATによる動物民話・本格民話・笑話・形式譚という分類の枠組みの設定によって、民話の国際比較の作業が大きく前進したことは確かです。

フランス民話の場合は、ポール・ドラリュの努力によって一九五七年にカタログの第一巻が刊行され、その後も後継者のマリー＝ルイーズ・トゥネーズによって作業は継続されました。

ドラリュとトゥネーズのカタログは、ATの分類にしたがって話を整理し、話型ごとに例話をあげると同時に、民話を構成するモチーフの綿密な分析を行ない、フランス各地で知りうるかぎりの類語のモチーフ構成を提示した画期的な仕事ですが、後継者であるトゥネーズのあまりに慎重な性格と研究者的な資質のために刊行が停滞し、その死後もフランス民話の全体を見通すという実用的な目的が十分に果たされずにいるのは、少し残念です。

フランスにおける民話の記録は、十九世紀の後半にセビオやコスカンを初めとする民俗学研究者の手によって黄金時代を迎えたのち、長い停滞の時期を迎えました。二十世紀の前半には、理論的には日本にも早くから知られたユエやサンティーヴの仕事がありましたが、民話集としては見るべきものがあまりありませんでした。

ポール・ドラリュはこの停滞に終止符を打ち、カタログ作りの作業と並行してジュヌヴィエーヴ・マシニョン、シャルル・ジョアスタン、アリアーヌ・ド・フェリスといった若手の研究者を組織し、《フランス諸地方の魔法民話》という叢書を監修したのです。これらの若手研究者たちは、一九四〇年代から、語りがすでに死に絶えたと思われていたフランス各地で積極的に語り手の言葉に耳を傾け、ブルターニュ、ポワトゥー、アルプス、ピレネーなどの語りを忠実に記録するとともに、語り手たちの生活や語りの場についても貴重な研究を残しました。彼らの仕事はフィールドワーカーとして民俗誌の記録に徹し、よけいな文学的修辞を排した点で、しばしば十九世紀の調査記録をしのいでいると言えるでしょう。

ドラリュの死後、民話資料は国立の民芸伝承博物館（ATP）に集められ、見事に整理されました。しかし、かんじんの民話記録の作業は停滞します。これは、第一線で活躍していたマシニョンの死などの不幸もありますが、再びまた「フランス民話の長い停滞」が宣告されたことにもよります。しかもそれがドラリュ自身のいわば最後の言葉であったのですから、その影響は深刻であったにちがいありません。彼は、死後まもなく公刊された『フランス民話カタログ』の序文をこんなふうに結んでいます。

「一言でいうと、伝承による口伝えの民話は、いまや過ぎ去った文明に対応するものであり、もうすぐ完全に姿を消す運命にある。（…）だから、このカタログで私たちが分類整理を試みたのは、長い変遷の末たどりついた伝承の聖なる遺骨（聖遺骨）なのである。」

なんという悲しい言葉でしょう。たしかに彼の言うように、長いあいだ口伝えの話を支えてきた伝統的な語りの場は失われつつありました。かつて女たちが集まって冬の夜長を過ごした糸紡ぎの宿や、潮待ちをする手もちぶさたに長い語りを繰り返した漁師たちや、麻の皮をむいたり籠を作ったりする職人たちの手仕事も、つぎつぎと姿を消しました。語りの言葉も語彙もすっかりかわって、ブルターニュやピレネーでさえ方言を語る人たちは稀《まれ》になりました。民話は「ほぼ完全に社会的かつ美的な機能をなくしてしまった」のです。

こうした語りの場の喪失には、人々の自然観の変化や、農業や工業の技術の進歩も大きな役割を果たしています。かつては圧倒的であった自然にたいする恐れや神秘といった想像力の根が失われ、森や湖も楽しい散歩道となって、妖精や小人の住む他界としての役割を終えました。農業は機械化されて、老人の知恵や伝承は力を失いました。目をみはるほど不思議なものであった職人たちの技も、ロボットやコンピュータの奇跡の前ではきわめて素朴で人間的なものに思えはじめたのです。

糸紡ぎの場で語る語り手と聞き手

しかし、こうした近代化と、それに伴うパラダイムの転換と、伝承の危機は、これまでも常に叫ばれつづけてきたのに、不思議なことに語りはいつも生きのびてきました。そしてさらに、考えようによっては、フランス人が今日のように地方の文化と伝承に目をむけることは、これまでになかったといってよいでしょう。

今日の「フランスの民俗学」は、一方ではル・ゴッフやル・ロワ・ラデュリなどアナール学派の歴史家たちと交流し、他方ではレヴィ＝ストロースにはじまる構造人類学やブルデューらの社会学の方法を取り入れながら、「フランスの民族学」への脱皮を志しているように見えます。彼らは自分たちの文化の多様性と重層性について、これまでになく真剣に考えはじめているのです。

こうした流れのなかで民芸伝承博物館（ATP）のジャン・キュイズニエの監修で一九七八年から刊行されはじめた《民話と民衆物語》の叢書は、二十八巻を刊行したところで休刊中ですが、過去の資料の掘り起こしとともに、積極的に新しいフィールド・ワークの成果を取り入れた、きわめて興味深いものとなっています。これらの試みは、伝承を過去のものとして「聖なる遺骨」と呼ぶのはまだ早いことを示しています。都市化や言葉の変遷にもかかわらず、民話はまだ語り継がれています。日本の場合と同じく、「民話の語りは不滅です」というような楽観はもちろん入り込む余地はありませんが、果たして語りが早晩消え去る運命にあるのか、あるいは現在、都市民俗学が目指しているような新しいフィールドを巻き込んでしぶとく生き残ってゆくのかは、しばらくは予断を許さない状況にあるように思われます。

本書の目的は二つあります。

一つは、これまで民話研究者たちがフランス各地の語り手を訪ねて記録した民話を、アンチ・アアルネとスティス・トンプソンの作成した民話の国際比較の分類項目に従って紹介することです。

幸いフランスには、一九四〇年代から民話の聞き取り調査記録を国際基準で分類整理することに努めたポール・ドラリュと、ドラリュの仕事を受け継いだマリー＝ルイーズ・トゥネーズの手による『フランス民話カタログ』が存在しますから、私たちは彼らの仕事を踏襲してフランス民話の話型を整理し、みなさんに提供することを試みました。

この作業によって、フランス民話の基本構成が明らかになるだけでなく、ヨーロッパのみならず東アジア、特に日本の民話とフランスの民話との比較が可能になったと思います。

本書の二つ目の目的は、一六九〇年代のさまざまな機会に公表され、後に『ペロー昔話集』の形で編纂された十一話と、民話の語り手たちが語り伝えた話を比べることによって、①ペロー昔話集がどのような経緯をへて成立したか、②ペローが伝承の語りにどのような工夫を加えたか、③私たちはそれをどのように読み取り、楽しんでいるかを示すことです。

目次

Ⅳ 笑い話と形式譚

第二章　『ペロー昔話集』とフランス民話の語り

第一章　語りによるフランスの民話

I　動物民話

1. バシウーの狐とオトンヌの狼

バシウーの狐は、狐のなかでも一番のりこう者だった。

ある時、蚤がいっぱいいるんでスラン川にいって、鼻先に苔をちょいとつけて、尻尾を水につけたんだ。すると、蚤のやつは腰のあたりまで上ってきた。狐はもっと水に入って、蚤が頭にあつまるのを見はからって、頭を沈めたんだ。蚤のやつは、苔に跳び移ったから、そのままスラン川に流れて、みんな溺れ死んじまったのさ。

＊

食いしん坊の狐は、バシウーのメンドリをみんな食っちまった。女たちはそこで、メンドリをしっかり鶏小屋へ閉じ込めたんだ。狐はすっかり腹がへっちまって、女たちにむかってこう叫びながら、村中歩いたんだ。

「メンドリを放してやれよ、腹がへってかわいそうだぞ」

だけど、こんな都合のいいことを、村の女たちが聞くわけないさ。

どうしようもなくて、狐はオトンヌの狼とくんで、大きなバターの壺を盗んだんだ。

二人はそいつを生け垣にかくして、小さな小屋を立てはじめた。小屋ができるまでは、バターを食べないって約束でね。

仕事をはじめるとすぐに、狐は頭をあげて、「なんだって」って叫んだんだ。それから、ちょっと出かけて、すぐ帰ってきたのさ。狼が、どこへ行ってたのかって聞くと、洗礼式に呼ばれたっていうんだ。そして、自分の名付け子に「口きり」っていう名前をやったっていうんだ。

狐はまた、二度目の洗礼式にでかけて、帰ってくると、今度の子どもは「半分」っていう名前にしたっていうのさ。

それからしばらくたつと、また頭をあげて、「なんだって」って答えたのさ。そして出かけて行って、帰ってくると、三度目の洗礼じゃあ「お終い」って名前をつけたっていうんだ。

小屋が出来上がると、二人はそろって生け垣にバターを食べにいったんだ。ところが、壺は空だった。

狼が、「洗礼式にいくなんていって、バターを食べちまったのはお前だろう」っていうと、狐は自分じゃないって言い張るんだ。そして、「嘘だと思ったら、ひと眠りしてみようじゃないか。目が覚めたとき尻がぬれていたら、そいつがバターを食べた犯人だ」っていうんだ。

狼が眠っている間に、狐は狼の尻のしたに小便をしたのさ。それで、目が覚めたとき、狼はもう文句がいえなかったんだ。

＊

狐は、ソンジウの町であした結婚式があるっていったんだ。地下室にごちそうがみんな置いてあって、小さな穴を通ればそこに行ける。そこに行って、腹いっぱい、たらふくいただこうじゃないかってね。二人は、この穴を通ってもぐり込み、むさぼりはじめた。時々、狐はこの小さな穴を通り抜けられるかどうか試してみて、入り口の大きさピッタリになったところで、逃げ出した。ところが、狼は、がつがつむさぼり食って、出られなくなっちまったのさ。

そうして閉じ込められて、次の朝、花嫁さんが地下室を開きにやってくると、その足の間から飛び出して、すっころがしてしまったんだ。

＊

民衆本の描く魚を盗む狐

そのまた次の日、狼が狐に会うと、街道に寝ころんで死んだふりをした話をした。バター商人がやってきて、ナンテュアの町で狐の皮を売ってやろうってんで、狐を馬車に乗せたのさ。けれども、狐は商売物のバターをたっぷりなめて、ずらかっちまったんだ。

これを聞いた狼は、街道に走ってって、寝ころんで死んだふりをした。ところが商人は、狐にやられてこりてたから、狼に鞭を食らわせて、

「バター泥棒の狐のまねを、お前もしようってのか」っていったのさ。

狼は、さんざんやられて逃げかえると、狐のやつに腹をたてて、噛み殺してやるっておどしたんだ。

＊

狐はそいつをなだめるために、スラン川に魚をとりに行こうっていった。川は凍ってたから、狐は氷に穴をあけて、狼にそこにすわって尻尾を穴につっこむようにいったのさ。それからすぐに、狐は叫んだ。

「ひとつ、ふたつ、みっつ。尻尾にみっつ魚がついたぞ。十二匹ついたら、ひっぱるんだぞ」

狐のやつが「ひっぱれ」って合図をすると、狼は思いきって、ずんとひいた。川の水はもう凍ってたから、尻尾は切れて氷のしたに残された。かわいそうな狼は、尻尾がなくてすごく困ってさ、狐のやつに腹をたてて、おどしつけたんだ。

けれども、狐はそいつをなだめるために、羊飼いたちが麻をむいて火をつけているのを見せたのさ。羊飼いたちが二人をみて逃げてしまうと、狐は麻をとって、狼にすてきな尻尾をつくってやった。それから、ちょっと暖まるために、火のうえを跳んで見ろって狼にいったのさ。ところが、狼の尻尾は燃えだして、尻じゅうまっ赤に火傷をしちまった。

狼はすごく怒って、狐を噛み殺そうとしたんだ。そしたら狐は、なんにもしなければ、きれいな娘たちに会わせてやるって約束したんだ。

狐は狼を井戸のふちにつれてって、ようく見てるようにいった。それから唾をはいて、水面をゆらすと、娘たちがもうすぐ水からでてくるぞっていったのさ。狼がずっと覗きこむと、狐は狼を井戸に突き落とした。そして、かわいそうな狼は溺れてしまったのさ。

（ブレス地方、M＝A・ヴァントリニエ記録、セビオ編『フランス諸地方の民話』所収、AT2）

解説

知恵者で残酷な狐は民話のトリックスターの代表格ですが、この話のなかでも狼を相手に散々のいたずらを働きます。まず、名付け親になったといつわってバターを嘗め（AT15）、地下室のごちそうを食べ（AT41）、死んだふりをして魚を盗み（AT1）ますが、なかでも「尻尾の釣り」（AT2）のエピソードは有名で、独立した話としても各地に語り伝えられています。

この話の主人公の狐と狼には「バシウー」と「オトンヌ」というそれぞれの縄張りの地名がつ

いていて、スランという実在の川を舞台に話が展開します。日本の狐や狼の話の場合にも、村のはずれの原っぱや峠が彼らの名所で、「大谷地」の三九郎、「滝の脇」のおべん等という土地の狐が騙し、狼が人を驚かせたものでした。フランスの田舎にもそんな名所があり、名物の狐や狼がいたのかと思うと懐かしい気がします。

狐と狼の葛藤譚は、フランスでは中世期の『狐物語』に登場する狐のルナールと狼のイザングラン以来たいへんよく知られていますが、彼らの確執は口承の世界ではそれよりはるか以前までさかのぼることができるでしょう。この話を収めた『フランス諸地方の民話』（一八八四年）の編者ポール・セビオは十九世紀後半のすぐれた研究者で、故郷ブルターニュを中心に民話と民俗の記録につとめました。

2. アルパリオニュ

ある日、ロバがひと財産つくってやろうって思ったんだ。
そこで、首輪を切って、走りに走って草原へ出たのさ。草はたっぷり生えてるし、おいしいし、アザミもいっぱいあった。あんまりついてるんで、ロバは何度もないたんだ、嬉しくって、大声でね。そしたら、ライオンがたまたま通りかかって、何だろうって様子を見にきたのさ。

ロバを見ると、ライオンはびっくりしちゃった。いままであちこち走ったけど、こんな動物は見たことがない。それでも、しばらくしてからロバに近づいて、いったのさ。

「なんて名前だい」

「アルパリオニュ」

「アルパリオニュだって」

「そうとも」

「ライオンの頭ごしに物をいうなんて、お前はそんなに強いのかい」

「世界中にくらべものなしさ」

「そうかい、そんなに強いのなら、ひとつ取り引きしようじゃないか」

「どんなことだい」

「ほかの動物ぜんぶに対抗して、同盟をむすぶのさ」

「いいとも」ってロバはいった。

それから、二匹は野原を越えて、出発したのさ。そしたら、川を渡らなきゃいけなくなった。

ライオンは、ひと跳びでむこう岸に着いたのに、ロバはへたくそな泳ぎをして、何度も溺れそ

うになった。そして、やっと渡りおえたのさ。

ロバのぶきっちょに呆れて、ライオンが聞いたんだ。

「どうしたんだい。泳げないのかい」

「とんでもない。魚より上手だよ」

「そんなら、川を渡るのに、どうしてそんなに時間がかかるんだ」

「そりゃあ、尻尾で大きな魚をつって、そいつが大きくて、大きくて、とっても力がいったんだ。ここに来るためには、どうしてもそいつを逃さなくちゃならなかったくらいさ」

ライオンはその答えに満足して、それで、二匹はまた旅をつづけたんだ。

しばらく行くと、壁があった。ライオンは、一発で跳びこえたけれど、あわれなロバにはそんな芸当はできない。そこで、まず前足をあげ、それからさんざん苦労して、やっとこさ壁によじのぼったんだ。ところが、もう後にも先にも動けない。

「おい、そこでいったい何をしてるんだ」ってライオンが叫んだんだ。

「体の重さを測ってるんだよ。前の方が後の方と同じくらい重いかどうか知りたくてね」

そして苦労にくろうを重ねて、アルパリオニュはやっと壁を越えたんだ。

ようやく下におりると、ライオンが相棒にいったのさ。

「おれを騙してるんだろう。お前は、ちっとも力がないみたいだぞ」

「そう思うか。ようし、どっちが先にこの壁を倒せるか、賭をしようじゃないか」

まず、ライオンが壁をすごい力で蹴とばした。でも、けがをしただけで、壁はどうにもならない。しばらくやって、あきらめた。

「おれには、とても崩せない。お前のほうがうまくいくかどうか見てみよう」

それで、ロバが後脚で蹴とばすと、壁はすぐに倒れたのさ。

「さあ、どうだい。まだ、おれより強いと思うかい」

「たった今まで、おれは獣のなかで一番強いと思ってた。でも、どうやら間違ってたようだ。お前は、おれよりずっと上手だよ」

「それに、お前はまだおれの力がわかっていないんだよ」

「なんだい、そんなにすごいことがあるのかい」

「おれは棘《とげ》を食うことができるんだ」

「棘だって」

「そうとも」

「ぜひそいつを見たいもんだ」

「ほら、あそこに揺れているやつがあるだろう」

「ああ」

「あいつを食ってやる」

そしてアルパリオニュは、大きなアザミを食いはじめた。これまで見たこともないようなやつをね。

それにたまげたライオンは、相棒にいったんだよ。

「まったく、お前はすごいやつだ。ライオンの王さまにしたいくらいだ」

「そいつはいい」ってロバは答えた。

その次の日、国中のライオンがみんな集まって会議をひらいて、アルパリオニュを王さまにしたんだ。

この新しい地位について、ロバはとっても幸せに暮らしたのさ、ずっと長いあいだね。とにかく、家来たちと獲物の動物をとりあうことがけっしてなかったしね。

だけど、年寄りを敬うってことを知らない病気のやつが、とうとうアルパリオニュを襲ったのさ。それで、ある朝、ライオンは王さまが死んでるのに気がついた。

みんなは、盛大な葬式をした。そして、森や草原にはおそろしい悲しみのうなり声が長いあいだこだましていたんだよ。


（コルシカ、一八八二年に、オルミシア生まれのアントワーヌ・ジョゼフ・オルトリが語る。フレデリック・オルトリ編『コルシカ島の民話』所収　ＡＴ１０３Ｃ）

解説

動物たちを主人公にした動物民話のなかには、明確な道徳的目的をもって書かれた動物寓話がいくつかあります。古代ギリシアの「イソップ物語」やインドの『ジャータカ』や『パンチャタントラ』でよく知られるタイプの話です。

フランスでこの種の話がいかに愛されたかは、ラ・フォンテーヌの『寓話集』を見ればわかりますが、すでに中世期からイソップなどの話を取り入れた『イゾペ』や『エゾプ』といった寓話集がありましたし、閨秀詩人マリー・ド・フランスも寓話を残しています。

こうした寓話が口伝えの話とクロスオーヴァーして互いに影響を与え合うことも少なくありません。ここにあげた「アルパリオニュ」は口承の記録は多くありませんが、すでにマリー・ド・フランスの作品にも見られる古い話です。

主人公のロバは日本ではあまり馴染みのない動物ですが、ヨーロッパの物語世界では一方で愚かさの象徴であると同時に、知恵と力と富の象徴でもある不思議な存在です。

3. 母さん山羊と子山羊たち

むかし、牝山羊がいて、その子どもが七匹いたんだよ。

ある日、母さんは子どもたちにいったんだ。

「パンも小麦粉もなくなっちゃったから、水車小屋に行って小麦を挽いてもらってくるよ。気をつけて留守番するんだよ。狼がお前たちを食べにくるからね」

「うん、うん」て子どもたちは答えたんだ。「ちゃんと戸をしめとくよ」

「帰ってきたら、母さんが白い足を見せるからね。お前たちによくわかるように」

戸口でこの話を聞いてた狼は、いそいでたき火の灰のなかに足をつっこみに走ったんだ。そして、小屋のとこまでもどってくると、こういったんだよ。

「戸をあけておくれ、子どもたち。戸をあけておくれ」

「あれは、母さんじゃないよ。狼だよ」

それでも、狼がしつこく入れてくれっていうから、子どもたちは答えたのさ。

「ぼくたちに、白い足を見せてごらん」

狼が白い足を見せると、戸があいた。狼を見ると、子どもたちは一生懸命かくれたけれど、二匹つかまって食べられちゃった。残りの子どもたちは、彼が行ってしまうともう一度、戸をしめたのさ。

そしてすぐに、母さんが帰ってきた。「戸をあけておくれ、子どもたち。戸をあけておくれ」

「ぼくたちに、まず白い足を見せてごらん」

母さんが足を見せると、子どもたちは戸をあけた。「まあ、お前たちは狼に戸をあけたの」って母さんが聞くと、「うん、ピエロとクロードが食べられちゃったの」って子どもたちは答えた。

母さん山羊は、子どもたちだけを家に残しておきたくなかったけど、小麦粉をとりに水車小屋にもどらなくちゃいけなかった。

「とくに、狼に戸をあけないように気をつけるんだよ」

あたりをうろついていた狼は、足に白いおおいをかぶせると、いったんだ。

「戸をあけておくれ、子どもたち。戸をあけておくれ」「ぼくたちに、白い足を見せてごらん」

狼が足を見せると、子山羊たちは戸をあけた。狼はとびかかって、三匹食べちゃったのさ。

母さんは帰ってきて、とっても悲しんで、それでも、三度目に出かけなくちゃいけなくなったとき、子どもたちにものすごく注意したんだ。それなのに狼が白い足を見せて、戸をあけさせて、子山羊たちをぜんぶ食べちゃったのさ。

母さん山羊が帰ってみると、一匹も子山羊がいない。母さんの叫び声を聞いて、隣のおばさんがかけつけて、母さんを慰めたんだ。

「しばらく、一緒にいてちょうだい」って母さんはいった。「小麦粉があるから、大鍋にミルクをいっぱい入れて、ガイエ（ロレーヌのミルク料理）をつくりましょ」

二匹がいそがしく働いてると、そとで狼の叫ぶ声がしたのさ。

「あけとくれ、山羊のおくさん」

「だめよ、狼さん。あんたは、あたしの子どもたちを食べちゃったでしょ」

「あけとくれ、山羊のおくさん」

「だめったら、だめよ、狼さん」

「そんなら、屋根にのぼって、煙突からおりてやるからな」

狼がよじのぼってるうちに、母さん山羊はいそいで薪をひとたば鍋のしたに投げ込んで、火をかきたてたんだよ。煙突にとびこんだ狼は、大鍋の中に落ちて、すっかり火傷して死んじまったんだ。


（ロレーヌ地方のモンティエ・シュール・ソー村でコスカンが記録。

コスカン『ロレーヌの民話』所収、ＡＴ１２３）

解説

これは、十九世紀後半のすぐれた民話研究者エマニュエル・コスカンの『ロレーヌの民話』（一八八六年）に収録された話の一つで、そこにはコスカンが姉妹たちと一緒にモンティエ・シュール・ソーというロレーヌの小さな村で集めた百話ほどの話が収められています。テープ・レコーダーもなかった当時の記録方法は、現在とはずいぶん違いますが、「できるかぎり文学的修辞をさけ、夜なべ仕事の合間に語られた話を忠実に記録することに努めた」と序文に記されています。

この話はグリムの「狼と七匹の子山羊」の類話です。比べて見るとずいぶん素朴な語りですが、民話の約束である三度の繰り返しをきちんと守っています。子山羊は、母さん山羊が水車小屋に粉挽きに行っているあいだに食べられてしまうのですが、最後に狼をやっつけるときにも、ガイエというロレーヌ地方のミルク料理が登場し、小麦粉が役にたちます。こんな細部にも、当時の人々の暮らしや民俗がうかがわれるような気がします。

4. 三羽のちいさなメンドリ

むかし、三羽のちいさなメンドリがいて、父さんと母さんに家を追んだされちまったんだ。白と黒と赤のメンドリだよ。

さんざん泣いたあとで、三羽は相談したんだ。

「いったいどうしましょう」ってね。

とにかく、冒険にでかけることにして、ずんずん、ずんずん歩いてった。だいぶ行くと、石がいっぱい見つかった。そこで、三羽は立ちどまっていったのさ。

「この石で、ちいさな小屋を立てましょうよ」

そうしましょうってことになって、三羽は仕事にとりかかった。

小屋が出来あがると、赤いのは一番すばしっこかったから、こういったんだ。

「戸がしっかり閉まるかどうか、試してみるわ」

そして、なかから鍵をかけると、ほかの連中を締め出しちゃったのさ。

黒と白は、頼んでも無駄だってことがわかると、もっと遠くまでいったんだ。そして、もうひと山の石を見つけて、いったのさ。

「ちいさな小屋を立てましょうよ」

そうしましょうってことになって、二羽は仕事にとりかかった。

小屋が出来あがると、黒いのがこういったんだ。

「戸がしっかり閉まるかどうか、試してみるわ」

そして、なかから鍵をかけると、白いのを締め出しちゃったのさ。

かわいそうな白いメンドリは、泣きながら歩いてった。はや足で歩いたけど、いくら歩いても、なんにも見つからないんだ。

夜がやってきて、動けなくなって、泣き出した。

「いったい、どうなるのかしら、まったく」

するとその時、とってもきれいな女の人があらわれて、いったんだ。

「そこで何をしているの、かわいいおちびさん。なぜ泣いてるの」

ちいさな白いメンドリは、これまでのことを話した。そのきれいな女の人はマリアさまで、こういったんだ。

「泣くことはないわ。姉さんたちのよりずっとすてきな小屋が手に入るから。だけど、これだけは気をつけるのよ。誰かが戸をたたいても、開けちゃだめよ。狼だから食べられちゃうわよ」

それからマリアさまの姿が消えて、そのあとにすてきな館が立っていたのさ。

狼は、ちいさな赤いメンドリの小屋にいって、いったのさ。

「あけておくれ」

ちいさな赤いメンドリは答えたんだ。

「だめ、だめ、だめ、あんたは狼でしょ。あたしを食べるつもりでしょう」

すると、狼はいった。

「それなら、タンと踏んで、トンと踏んで、小屋をこわしてやるさ」

ちいさな赤いメンドリは答えた。

「あんたが、タンと踏んで、トンと踏んでも、小屋はこわれないわ」

狼が、タンと踏んで、トンと踏むと、小屋はこわれて、メンドリは食われちまった。それから狼は、黒いメンドリの小屋へいって、いったのさ。

「ちいさなメンドリちゃん、あけておくれ」

「だめ、だめ、だめ、あんたは狼でしょ。あたしを食べるつもりでしょう」

「それなら、タンと踏んで、トンと踏んで、小屋をこわしてやるさ」

「あんたが、タンと踏んでも、トンと踏んでも、小屋はこわれないわ」

狼が、タンと踏んで、トンと踏むと、小屋はこわれて、黒いメンドリは食われちまった。

そして、狼は白いメンドリの小屋にいって、いったのさ。

「ちいさなメンドリちゃん、あけておくれ」

「だめ、だめ、だめ、あんたは狼でしょ。あたしを食べるつもりでしょう」

「それなら、タンと踏んで、トンと踏んで、小屋をこわしてやるさ」

「あんたが、タンと踏んでも、トンと踏んでも、小屋はこわれないわ」

それから、狼はタンと踏んで、トンと踏んだけど、小屋はこわれなくて、狼のやつがくたばっちまったのさ。

オンドリがないたぞ
おしゃべりは　おしまいだ

（エロー県、ルイ・ランベール編『ラングドックの民話』一八九九年所収、ＡＴ１２４）

解説

白・黒・赤の三羽のかわいいメンドリの話です。ジェイコブズの『イギリス民話集』に収められた「三匹のこぶた」の類話ですが、ラングドック地方のこの話はメンドリが主人公で、三度の繰り返しと語りのリズムを基本にして愉快な結末句がついています。

この語りでは、ほかの二羽のメンドリは食べられてしまいますが、話によっては三番目の家まで逃げて助かることもあります。また狼をやっつけるやり口もかなり手が込んでいて、ジェイコブズの場合のように末っ子がトリックスターとして大活躍して狼を悩ませることもしばしばです。

動物民話なのですが、主人公がまるで少女のようにかわいくて、しかも聖母マリアが援助者として登場するので、「赤ずきん」のような魔法民話と隣り合わせの語りになっています。

5. ロバとその仲間たち（ブレーメンの音楽隊）

むかし、ひとりの男がいて、あんまり荷物をつけすぎたもんだから、ロバが歩こうとしなくなっちまった。男がロバを乱暴に押したんで、ロバは坂からころげ落ちちゃった。かわいそうなロバは、びっこをひきひき歩きはじめたんだよ。しばらく行くと、犬に出会ったから、こういった。

「どこへ行くんだい、犬くん」

「いやあ、ロバくん、家をとびだしてきたんだよ。御主人が、もう番をしなくてもいいっていうんでね」って犬は答えた。

そこで、ロバはいったのさ。

「それじゃあ、ぼくの尻尾におつかまり。一緒に行こうじゃないか、一緒に」

しばらく行くと、猫に出会ったから、ロバはこういった。

「どこへ行くんだい、猫くん」

「家をとびだしてきたんだよ。御主人が、もうネズミをとらなくてもいいっていうんでね」って猫は答えた。

そこで、ロバはいったのさ。

「それじゃあ、ぼくの尻尾におつかまり。一緒に行こうじゃないか、一緒に」

しばらく行くと、蛇に出会ったから、ロバはこういった。

「そんなかっこうで、どこへ行くんだい、蛇くん」「いやあ、ロバくん、家をとびだしてきたんだよ。御主人が、もうヒュウヒュウいわなくてもいいっていうんでね」って蛇は答えた。

そこで、ロバはいったのさ。「それじゃあ、ぼくの尻尾におつかまり。一緒に行こうじゃないか、一緒に」

しばらく行くと、動物の死骸に出会ったから、ロバはこういった。

「ブレーメンの音楽隊」の挿絵

「どうしたんだい、死骸くん」

「いやあ、ロバくん、じっところがってるのさ。ぼくを殺したやつが、ぼくを連れ歩くわけにはいかなかったんでね」って死骸が答えた。

そこで、ロバはいったのさ。

「それじゃあ、ぼくの尻尾におつかまり。一緒に行こうじゃないか、一緒に」

そしてそれから、二日歩いたのさ。そしたら大きな城があったんだよ。

ロバが、パンパン扉をたたいたけど、だれも出てこない。パンパン。だれも来ない。そこで、ロバが一発けとばすと、扉がひらいたのさ。そしてみんなは中に入った。ロバは犬を扉のうしろに、猫を窯の上に、蛇を手桶の中に、死骸をテーブルの上のお皿の中におくと、自分はベッドの中に入ったんだよ。

城の主人たちが帰ってきて、中に入ると、犬がほえる。女中が夕食の支度すると、猫がひっかく。水を飲もうとすると、蛇がヒュウヒュウ音をたてる。テーブルにつくと死骸がある。寝ようとすると、ロバがけとばして叫ぶんだよ。

「この城の主人はおれだ。さっさと出ていけ」

それで主人たちは、お城を出ないわけにはいかなかったのさ。

（リグリア地方、マントンの町でヴィクトリーヌ・ムラトーレが語る。アンドルー編『リグリアの民話』一八九二年所収、AT130）

解説

グリムの「ブレーメンの音楽隊」としてあまりにも有名な話ですが、ドイツではすでに十六世紀にハンス・ザックスの歌のなかに見られます。フランス中世期の『狐物語』の場合には、御存知のルナール狐が動物たちを引き連れて森の狼をおどかします。フィンランドのすぐれた民話研究者アンチ・アアルネは、この話をアジア起源と考え、日本の「猿蟹合戦」もこの話の仲間に分類しています。

これは、アンドルーがイタリア国境近くのマントンの町で記録した話です。リグリアはイタリアからプロヴァンスにかけて地中海ぞいに栄えた古代ローマの地方の名前ですが、近代にいたるまでこの地方は独自の文化圏を形成していたようです。

6. 動物が話をしていたころ

これは、動物が話をしていたころ、遠くの、ずっと遠くの国でおこったことだよ。王さまの庭に、とっても澄んでて、つめたい水の出る泉があったんだ。きれいで、蜜みたいに甘くて、ピロットの湧き水やフォワの古い泉の水よりずっと美味しかったのさ。だから、王さまもここを大切にしていて、自分ひとりのものにしたくて、そこで水を汲むことを禁止してたんだ。

ある朝王さまは、誰かが夜のうちに水を汲みにきたことに気づいたんだ。王さまは、怒って叫びだし、泥棒をさがしたけれど見つからなかった。

それからも盗みは続いて、水が毎朝たりない。王さまはだんだん腹が立ってきて、みんなを怒鳴りつけたんだ。そしてある日、王さまは「もし泥棒を見つけたらすごく酷い目にあわせる」って太鼓をならして町中に知らせたんだ。

それでも何の役にもたたず、毎晩、誰かが泉の水を盗んだのさ。

とうとう諦めて、王さまは国中におふれを出した。泥棒を捕まえて、突き出した者には娘を嫁にやるってね。

そしたらいろんな動物がやってきて、それぞれ夜中の見張りに立ったんだ。だけど、すぐに眠気がおそってきて、みんな眠っているうちに泥棒にしてやられちゃったんだよ。

王さまは、怒って息もつけなくなっちゃった。

さて、カメの番になった。カメは朝のうちは糊をつくり、午後は眠ってすごしたんだ。夜がくると、背中いっぱいに糊をぬって泉にでかけ、水のまん中にある石のあいだにかくれてた。頭と手足を甲羅のなかにスッポリおさめて、ジッとしてた。みんなが石だと思うようにね。

真夜中ころ、カメはカサカサいう乾いた葉っぱの音を聞いた。ちいさな音だったけどね。そしたら、月の光のなかにいきなり一匹の野ウサギがあらわれて、ぬき足さし足やってきたんだ。耳をピンと立てて目を光らせて、だれか見たらいつでも逃げだせる用意をしてね。

野ウサギは、背中に鍋をしょってたんだ。こっそり、とてもこっそり、野ウサギは泉のほとりにやってきた。そして、あたりをしっかり確かめてからいったんだ。

「今夜はだれもいないのか。こりゃあいい。たっぷり時間もあるし、ゆっくりしよう。鍋にいただくまえに、このうまい水をちょっと失敬しても、お咎めなしってわけだ」

そして身をかがめると一口飲んだのさ。

「ああ、爪の先までしみわたって、ゾクゾクするよ。この水をひとりじめするなんて、まったく欲ばりな王さまだ。蜜みたいに甘いのにさ。泉のまん中のやつは、もっとうまそうだぞ。わけはないさ。あいつをいただいてやる」

野ウサギは、岩から岩へと跳びうつって、まん中までやってきて腰をかけた。けれどもお尻が石にくっついちゃって、びっくりぎょうてん。

「なんてこった。いったいどうなってるんだ。動けないじゃないか」

そしたら、それまでジッとしてたカメが、頭を出していったんだ。

「ああ、泥棒はお前だったのか。年貢のおさめどきだよ、王さまがお待ちかねだ。首をながくして待ってるから、ただじゃあすまないね。今日まで水を盗んだことをきっと後悔するよ」

こういいながら、カメは岩のあいだからはいだして、岸に向かったんだ。それから、池を出ると、お城のほうに歩きだした。

そしたら、野ウサギが泣きながらいったんだ。

「なあ、カメの大将、いじわるをしちゃいけないよ。放しておくれよ、もうしないから。友達になろうじゃないか」

「だめだめ。お前は泥棒だ。泥棒にはお情け無用だよ。捕まったら、罰をうけるのさ」「いじわる野郎、悪魔、魔法使い、おれを放せ。さもないと、たたきのめしてやるぞ。一発か、二発か三発か、どうする」

「むだだよ。できるもんなら、やってごらん」ってカメが余裕で答えた。

「ようし、そんならこれでも食らえ」

そして野ウサギは、カメに一発おみまいした。ところが足がくっついちゃって、ひっぱっても離れない。怒って、もう一方の足でけとばしたら、こいつもくっついた。噛みつこうとすれば、鼻面が離れない。もう恐ろしいし腹はたつして、半気違《はんきちが》いになっちゃった。

こうして、二匹は王さまのお城にやってきた。そして夜が明けると、カメはまっすぐ王さまの部屋に行って、王さまをおこすと、おこったとおりに話をしたんだよ。

王さまは、憲兵に野ウサギを逮捕させた。(糊をはがすのがたいへんだったけど、熱いお湯でなんとかした。)それから罰として、野ウサギを殺して皮をはいで料理して、朝御飯に出すように命じたんだ。

王さまとカメは、いっしょに王女さまをおこしてきて、三人で大広間に行った。そこには、宮廷中の人がみんな集まっていたから、その場で王女さまはカメと結婚したんだよ。みんなのいる前で、お城の司祭さんの立ち会いでね。

とってもすてきな御馳走で、野ウサギが出たんだ。半分は煮込み、半分は串焼きにしてね。それで、みんなはおいしくて指まで舐めたほどさ。

カメと王女さまが幸せな結婚をして、子どももたくさん出来たってことは、いうまでもないことだね……。


(ピレネー地方、「Almanac Patoues de l'Ariejo」誌、一九一二年所収、AT175)

解説
これは、ハリスがアメリカの黒人の語りを記録した『リーマスじいやの物語』で一躍有名になった「うさぎどんとタール人形」の類話です。

この話のようにうさぎと亀の組み合わせというと、すぐに「素早いうさぎ」と「のろまな亀」というイメージが浮かびますが、昔語りの世界を見渡してみると実は亀もなかなかのしたたか者であることがわかります。ことにアフリカの語りの世界では、知恵者の亀は、文化英雄でありトップクラスのトリックスターです。

アメリカの黒人のあいだで語りつがれ、アフリカにも分布の多いところから従来ブラック・アフリカを起源とすると考えられてきましたが、インド起源をとなえる人もいます。

この話の場合には、ヨーロッパにはめずらしい語り始めの言葉がつき、しかも亀という特異な動物と人間との結婚をそのまま肯定し、めでたい話としていることから、かなり特殊な伝承であるとも考えられます。アリエージュ地方の中心地フォワの泉が登場したりして、生活に身近な語りになっています。

7．牝山羊

むかし、父さんと母さんと七人の子どもがいたのさ。そして牝山羊を飼ってたんだけど、そいつは人の言葉がなんでもわかったし、話すこともできたんだ。

ある日、父さんが一番上の子に、「山羊といっしょに野原に行って、草をたっぷり食べさせといで」って言った。もし、帰ってきて山羊がお腹をすかしてたら、殺すってね。

男の子は、山羊を生け垣のむこうに連れてった。そして、いそいで、いそいで草を刈り、欲しいだけたっぷり食わせてやったのさ。家に連れて帰るまえに、男の子は山羊に聞いたんだ。

「どうだい、ちいさい牝山羊や、お腹いっぱい食べたかい」

「ああ」って、牝山羊はいったのさ、

　お腹は　いっぱいのぱい
　おっぱいにゃ　お乳もたっぷりだ

子どもが山羊といっしょに帰ってくると、父さんは山羊に聞いたんだ。

「どうだい、ちいさい牝山羊や、お腹いっぱい食べたかい」

「ああ」って牝山羊は言ったのさ、

　お腹は　ペコペコのペコ
　おっぱいのお乳も　からっぽだ

この言葉を耳にすると、父さんは斧をとって子どもの首を切ったんだ。母さんが泣いて頼んでも無駄だった。

その次の日、父さんは、二番目の子に牝山羊を牧場に連れて行かせたのさ。ちいさな男の子は、草を刈れるだけ刈って山羊にやったんだ。そしてひき上げるまえに聞いたんだ。

「どうだい、ちいさい牝山羊や、お腹いっぱい食べたかい」

「ああ」って、牝山羊は言ったのさ、

お腹は　いっぱいのぱい
おっぱいにゃ　お乳もたっぷりだ

それで、子どもは山羊を連れて帰った。すると父さんが聞いたんだ。

「どうだい、ちいさい牝山羊や、お腹いっぱい食べたかい」

「ああ」って牝山羊は言ったのさ、

お腹は　ペコペコのペコ
おっぱいのお乳も　からっぽだ

父さんは斧をとって、ちいさい男の子を殺したんだ。同じことが、ほかの子たちにもおこった。そして、父さんは子どもをみんな殺しちゃった。一人、また一人ってね。子どもの次には母さんも殺した。

それで、父さんが自分で牝山羊を野原に連れて行かなきゃいけなくなった。山羊が満腹になったと思うころ、父さんは聞いてみたんだ。
「どうだい、ちいさい牝山羊や、お腹いっぱい食べたかい」

「ああ」って、牝山羊は言ったのさ、
　お腹はいっぱいのぱい
　おっぱいにゃ　お乳もたっぷりだ
家に帰って、父さんがまたお腹いっぱい食べたかどうかたずねると、
「ああ」って牝山羊はいったのさ、
　お腹は　ペコペコのペコ
　おっぱいのお乳も　からっぽだ
そして、こう言いながら山羊は父さんに跳びかかると殺してしまった。それから、牝山羊はその家の主《あるじ》になったのさ。

（ロレーヌ地方、コスカン『ロレーヌの民話』所収、AT212）

解説

うそつき山羊が父親をだまし、次々に子どもを殺したり追い出したりするこの話は、ヨーロッパ各地で語られていますが、ことにフランスで人気のある動物民話のひとつです。

山羊と飼い主との問答がリズミカルな言葉で繰り返され、この話の場合にはなんと八回も続きます。語りの場では心地よい反復も、文字の記録には耐えないので、さすがのコスカンも途中で省略したと資料集の注で告白しています。

この話の類話には、嘘がばれて追い出された山羊が、例えばお婆さんの家などを占領して出ようとしないことがあります。そこでお婆さんは、熊、狼、狐、野兎などに救いを求めますが、埒《らち》があきません。最後に、蜂に頼んでやっと追い出してもらうのです。この場合には、後半が形式譚に近い形をとります。

グリムの「テーブルとロバとこん棒」（ＡＴ５６３）にも、話の初めのエピソードとしてこの話が組み込まれています。

Ⅱ　魔法民話

1．熊のジャン

むかし、樵《きこり》の夫婦がいて、大きな森のはずれに住んでた。森はいつも木をきる音でいっぱいで、まるで空の大樽のなかの小石みたいに響いてた。

ある日、樵のおかみさんは、柴刈りに森のなかへ入っていったのさ。長いことかかって、亭主や粗末な小屋をあっためるたき木をあつめて歩いたんだ。だけど、歩いてるうちにだいぶ遠くへ来ちまって、道から外れちまったんだよ。

日が暮れて、道がわからなくてがっかりしてたら、大きな茶色い熊がきて、穴へ来いって言うんだ。（その頃は、獣だって口をきいてたんだ。）おかみさんが、安心してついていくと、穴に着いたとたん、女房にされちまったんだ。

毎日、熊のやつは食い物をさがしにでかけるんだが、出がけにゃ、きっと大きな岩で穴をふさいでくんだ。おかみさんは、閉じ込められてるのが辛くてね。ところが、しばらくすると、子どもができたことが分かったんだ。おかみさんは、いつかこの子が穴から出してくれるんじゃないかと思って、ほっとしたんだよ。

そして、いく月かすぎて、ある朝、大きな赤ん坊を生んだんだ。その子が、小さいときから力が強くてね。三月目《みつき》にゃあもう、閉じ込められてる岩を動かして、六月目《むつき》にゃあ、そいつを倒しちまったんだ。それで二人は逃げ出して帰ったら、樵は大喜びで二人をむかえたのさ。

それで、子どもに「熊のジャン」ていう名前をつけた。なぜって、その子は父さんみたいに、体じゅう毛がはえてたからね。それから学校へ入れたんだけれど、先生が叱ろうとすると、先生の首ったまを掴まえて窓からほうりだしちまう。先生は、こんな子を学校であずかるわけにゃあいかないし、第一からだも大きいから、仕事を習わしたほうがいいって言うんだ。

おっかさんの親戚に鍛治屋がいたから、ジャンをそこへ見習いに出してみたのさ。ところが、「まあ、やってみろ」ってんで、鉄の棒をわたすと、一発で鉄床《かなとこ》をぶち壊しちまったんだ。

鍛治屋はこの見習いの力にたまげちまって、厄介ばらいに、フランスじゅう旅してみたらどうかって言ったのさ。五百キロの鉄棒をつくってやったら、手にとって、ただの藤《とう》の杖みたいにふりまわすんだよ。

重たい鉄の杖をそんな風におもちゃにするのを見て、鍛治屋はいった。

「はやく、おん出さなくちゃ。さもないと、おれの家は一週間ともたないぞ」

ある朝、ジャンは旅に出た。

ずんが、ずんがと歩きに歩いて、遠くまできたんだ。そしたら、森のなかで、大きな樫の木をねじまげてる男に会ったんだ。

「いったい、そこで何をしてるのかね」って、ジャンがたずねると、男は、柴をたばねるために、この葦をひっこぬいてるとこだ、って答えたんだ。

「すごいなあ」って、ジャンがいったんだ。「いっしょにフランスじゅう旅してみないか。きっと少しは落ち着けると思うよ。『樫ねじり』って名前にすればいい」

それから、二人は出発した。

ずんが、ずんがと歩きに歩いて、遠くまできたんだ。そしたら、道の曲がり角で水車の石臼で遊んでる男に会ったんだ。

「いったい、そこで何をしてるのかね」って、ジャンがたずねると、男は、この小石で円盤投げをして遊んでるだ、って答えたんだ。

「すごいなあ」って、ジャンが言ったんだ。「いっしょにフランスじゅう旅してみないか、きっと少しは落ち着けると思うよ。『水車の石臼』って名前にすればいい」

円盤投げに興ずる男たち

それから、三人は出発した。

ずんが、ずんがと歩きに歩いて、遠くまできたんだ。そしたら、道のわきで山をもち上げて、ちょっと向こうまで持ってこうとしている男に会ったんだ。

「いったい、そこで何をしてるのかね」って、ジャンがたずねると、男は、「むこうの町を見るのにじゃまだから、この石をかたづけてるんだ」って答えた。

「すごいなあ」って、ジャンがいったんだ。「いっしょに来ないか。四人いれば、きっといいことができるとおもうんだ。『山はこび』って名前にすればいい」

それから、四人は出発した。

ずんが、ずんがと歩きに歩いて、遠くまで来たんだ。夜が来たけど、歩きつづけたんだよ。でも、知らない国だったから、道に迷っちゃったのさ。長いあいだ、正しい道を探したんだ。そしてやっと遠くに明りを見つけたから、そっちへ行ってみると、お日さまみたいに光ってるすごいお城の前に出たんだ。門はぜんぶ大きく開いていたから、中に入ってみたんだ。

そしたら、御馳走がいい匂いをさせてるし、窯の上にはおいしそうな料理がかかってる。豪勢なぴかぴかの立派な食堂があって、金の食器が四人前そろえてあったんだよ。それから、お城の中に、四つの寝室がちゃんと準備してあるのを見ると、四人はテーブルにつくことにしたのさ。

ぱくぱくぱくぱくと食べに、食べて、腹いっぱいになったんだ。そして、いっぱい食べて、いっぱい飲んでから、四人は床についた。

次の朝、熊のジャンは仲間たちに言ったんだ。

「この城にはほかに誰もいないから、しばらく住んでみようじゃないか。それでまず手はじめに、樫ねじり、スープの用意をしといてくれ。おれたちは、狩りに行ってくるから。食事の支度ができたら、鐘をならすんだぞ」

それから、三人は森に出かけたのさ。樫ねじりは、料理をはじめた。そして一生懸命スープをつくっていると、年とった、ものすごく年とった婆さんがやって来て、言ったんだ。

「ちょっと暖まらしてくれないかね、親切な旦那さん」

「こっちへ来て、腰をかけなよ、お婆さん」って、樫ねじりは疑いもせずに言ったんだ。

それから、火のそばでせっせと食事をつくって、スープを一口のもうとかがみこんだ。塩かげんを見てやろうと思ってね。そしたら、そのとたん、婆さんが急に立ち上がって、樫ねじりに一発くらわせたんだ。樫ねじりは床にのびちゃって、鐘をならすこともできなかったんだよ。

熊のジャンは、食事時になって、ものすごく腹がへったから、仲間に言ったのさ。

「帰ろうよ、みんな。なにか詰め込もうじゃないか」

そしたら、窯のそばで樫ねじりが、うずくまってた。樫ねじりは、すごく腹がいたくて鐘のとこまで行けなかったって言うんだ。

「休んでこいよ。明日は、水車の石臼の番だぞ」ってジャンは言った。

その次の日、水車の石臼は、みんなが狩りに行ってしまうと、料理をはじめたのさ。そして一生懸命スープをつくっていると、年とった、ものすごく年とった婆さんがやって来て、言ったんだ。

「ちょっと暖《あたた》まらしてくれないかね、親切な旦那さん」

「こっちへ来て、腰をかけなよ、お婆さん」って、水車の石臼は疑いもせずに言ったんだ。

それから、火のそばでせっせと食事をつくって、スープを一口のもうとかがみこんだ。胡椒のかげんを見てやろうと思ってね。そしたら、そのとたん、婆さんが急に立ち上がって、水車の石臼に一発くらわせたんだ。水車の石臼は床にのびちゃって、鐘をならすこともできなかった。

熊のジャンは、食事時になって、ものすごく腹がへったから、仲間に言ったのさ。「帰ろうよ、みんな。お城じゃまた何かあったかもしれないぞ」

そしたら、足もとに水車の石臼がうずくまってた。水車の石臼は、胃がさしこんで身動きできなかったって言うんだ。

「休んでこいよ。明日は、山はこびの番だぞ」ってジャンはいった。

その次の日、山はこびは、みんなが獲物をさがして歩きまわってるあいだに、料理をはじめたんだ。そしたら、年とった、ものすごく年とった婆さんがやって来て、いったんだ。「ちょっと暖まらしてくれないかね、親切な旦那さん」

「こっちへ来て、腰をかけなよ、お婆さん」って、山はこびは疑いもせずに言ったんだ。

それから、火のそばでせっせと食事をつくって、スープを一口のもうとかがみこんだ。ニンニクのかげんを見てやろうと思ってね。そしたら、そのとたん、婆さんが急に立ち上がって、山はこびに一発くらわせたんだ。山はこびは床にのびちゃって、鐘をならすこともできなかった。

熊のジャンは、食事時になって、ものすごく腹がへったから、仲間にいったのさ。

「帰ろうよ、みんな。お城にまた何かあったんじゃないかと心配だ」

そしたら、窯の前で山はこびが、うずくまってた。山はこびは、すごく頭がいたくて鐘がならせなかったっていうんだ。

「休んでこいよ。明日は、おれの番だ。みんなに食事の鐘をならすのを、誰にもじゃまさせやしないって約束するよ」ってジャンはいった。

その次の日、熊のジャンは、みんなが狩りをしているあいだに、料理をはじめたのさ。そして一生懸命スープをつくっていると、年とった、ものすごく年とった婆さんがやって来て、いったんだ。

「ちょっと暖まらしてくれないかね、親切な旦那さん」「こっちへ来て、腰をかけなよ、お婆さん」って、熊のジャンは警戒しながらいったんだ。

それから、火のそばでせっせと食事をつくって、スープを一口のもうとかがみこんだ。焦げてやしないかと思ってね。そしたら、そのとたん、婆さんが急に立ち上がって……、クルッとこっちを向いたジャンと顔を合わせちゃった。ジャンは、婆さんを捕まえていったんだ。

「毎日、おれの仲間の仕事のじゃまをしたのは、あんただね。お返しをしてやろう」

そして、中庭の井戸の底にほうりこんだんだよ。

食事の支度ができると、ジャンは力いっぱい鐘をならしたのさ。

「いったい、どうやったんだろう。あいつは、本当におれたちより強いなあ」って、みんなは言ったんだ。

みんながやって来ると、熊のジャンは言った。

「みんなに悪さをした婆さんを、懲らしめてやったよ。食べ終わったら、井戸におりて探してみようじゃないか」

食事がすむと、みんなは井戸のところへ行ったんだ。そして、まず樫ねじりがおりてみることになった。鎖でつないで、底まで行けないときは、はずしてきたあの鐘をならして、ひっぱりあげてもらうことにしてさ。

まっ暗な井戸の中に入ると、樫ねじりはすぐにおっかなくなって、鐘をならしたから、みんなは引き上げてやったんだ。

「どうしたんだい、樫ねじり」ってジャンが聞いた。

「嫌なにおいで、気分がわるくなったんだ」

今度は、水車の石臼の番になった。

水車の石臼は、まっ暗な井戸の中に入ると、すぐにおっかなくなったけれども、樫ねじりよりもちょっと深いとこまで行って、鐘をならした。それで、みんなは引き上げてやったんだ。「どうしたんだい、水車の石臼」ってジャンが聞いた。

「めまいがしたよ」って水車の石臼が答えた。

今度は、山はこびの番になった。

山はこびは、まっ暗な井戸の中に入ると、すぐにおっかなくなったけれど、水車の石臼よりもちょっと深いとこまで行って、鐘をならした。それで、みんなは引き上げてやったんだ。

「どうしたんだい、山はこび」ってジャンが聞いた。

「底が見えたと思ったんだ」って山はこびが答えた。

今度は、熊のジャンの番になった。

まっ暗な井戸の中に入ると、ジャンはおりて、おりていって、とうとう底の堅い地面に着いたのさ。婆さんは、そこにうずくまってた。

「婆さん、あんたを探しにきたんだ。かたをつけようじゃないか」ってジャンがいうと、「ああ、どうか見逃しておくれ、そうすりゃ宝のありかをおしえてあげるよ。どんな王さまだって持っていないような宝だよ」って婆さんが言うんだ。

「言ってごらん」

「そこには、四頭の大きなライオンに守られた若い王女さまがいるんだ。ライオンは一日に十五秒だけ眠るから、そのあいだに救い出せば、王女さまが手にはいるよ」

そこで熊のジャンは冒険に出かけたのさ。ずっと歩いていくと、四頭の大きなライオンの前に

来た。ジャンが着いたとき、ライオンたちは眠っていたので、王女さまを救い出すと、井戸に連れてきた。鎖につないで、鐘をならすと、みんなが王女さまをそこから引き上げたのさ。

それがすむと、ジャンは婆さんにいった。「婆さん、今度はお前の番だ」

「ああ、どうか見逃しておくれ、そうすりゃもう一人の王女さまのことをおしえてあげるよ。さっきの王女さまよりもっときれいな王女さまだよ」

「言ってごらん」

「王女さまは、四頭の大きな虎に守られているんだ。虎は一日に十秒だけ眠るから、そのあいだに救い出せば、王女さまが手に入るよ」

熊のジャンは冒険に出かけたのさ。そして、ずっと歩いていくと、四頭の大きな虎の前に来た。ジャンが着いたとき、虎たちは眠っていたので、王女さまを救い出すと、井戸に連れてきた。王女さまを鎖につなぐと、みんなが仕事をするように合図の鐘をならしたんだ。

それがすむと、ジャンは婆さんにいった。

「あと一人の王女さまのことをおしえなくっちゃいけないよ」

「それは、そうだけど今度の王女さまは四匹の大きな蛇に守られているんだよ。蛇が眠るのは五秒だけ。なぜって、その王女さまはほかの二人よりもっときれいだからね」

熊のジャンは冒険に出かけて、王女さまを連れてきた。そして鎖につなぐと鐘を鳴らした。

それがすむと、ジャンは婆さんにいった。

「さあ、あと一人、おれのための王女さまのことをおしえておくれ」

「そうだね、それはこれまでで一番きれいな王女さまだよ。だけど四匹の大きな竜に守られていて、竜の眠るのはたった三秒だけなんだ」

熊のジャンは王女さまを救い出し、鎖につなぐと鐘をならした。それがすむと、鎖がもう一度おりてくるのを待った。けれどもほかの仲間は鎖をおろしてこなかったのさ。

熊のジャンはものすごく怒っていったんだ。

「婆さん、地上にもどる方法をおしえておくれ。そしたら、命をたすけてやるよ」

「そのことなら、よく知ってるよ。でも、とてもたいへんだよ。ロック鳥という強い鳥があんたを上まで連れていけるんだ。だけどその島はすごく大食いで、そいつが『クロック』っていうたびに、口の中に牛の四半分か羊一匹をつっこんでやらなきゃいけないのさ」

熊のジャンは、牛百頭と、同じくらいの羊を買いこんで、婆さんと動物の群れといっしょにロック鳥の上にのったんだ。大きな鳥はたちまち舞い上がった。そしてすぐに、羊をまるごと餌にあたえた。一分たつと、今度は大きな牛のかたまり一つ、それからまた羊一匹。そんな具合に、つぎからつぎへとやってるうちに、井戸に光がさし込んできた。あと何メートルかで縁石に着くってとき、鳥は最後に『クロック』って声をあげた。けれども、熊のジャンにはもうやるものがない。

そこで、ジャンは足を切って、ロック鳥の口の中に入れてやったのさ。二人は救われたけど、熊のジャンには足が一本しかのこっていなかった。

「お前はいい子だから、もう一つ役に立ってやろう」って婆さんが言ったんだ。そして、ジャンの傷に軟膏をぬったのさ。そ

したら、たちまち足がはえてきた。

お城からは、歓声や歌が聞こえてきて、大宴会があるみたいだった。二人は中に入って、御馳走を食べてる三人の仲間を見つけたんだ。みんなは、熊のジャンをかたづけたと思って、三人の王女をはべらせて、四番目の王女さまを召使いにつかってたんだ。

熊のジャンは、ものすごく怒って入っていくと、言ったんだ。

「よくも、おれをのけ者にしようとしたな。おれが一人でここの主人になってやるから、そう思え。三人とも、井戸がこわいなら、そこに投げ込んでやる」

そうして、三人の仲間を井戸の底になげこんでしまうと、ジャンは召使いにされてた一番きれいな王女と結婚して、ほかの三人の王女さまは女中にしてしまったんだ。

あたしは結婚式の大宴会に出て、それから帰ってきたんだよ。

（ドルドーニュ地方、編者自身が同地方のサンマルシアル村出身の祖母に聞く。セイニョル編『ギュイエンヌの民話』一九四六年所収、AT301B）

解説

これは、フランスのすぐれた民話研究者クロード・セイニョルが、自分のお婆さんから直接聞いた話です。セイニョルは、残念なことにいつこの話を聞いたのか記していませんが、おそらく彼の研究のひとつの重要な出発点となっているのではないでしょうか。

「熊のジャン」の最初のエピソードは異類婚姻譚ですが、人間と熊とが本当に結ばれて、そこから異常な力をもつ英雄が誕生するという神話的なモチーフは、ヨーロッパの民話にはめずらしい貴重な話であるといえます。しかもこの話は、フランス全土に広く分布しています。

旅に出た熊のジャンがやはり力の強い三人の仲間と出会うのは、グリムの「世界を旅する六人組」や日本の「力太郎」に似ていますが、この仲間がジャンを裏切るところがこの話のひとつの特徴です。

また、最初は敵のように思われたお婆さんが、最後は地下他界からの脱出の手段をおしえてくれたり、切られた足をなおしてくれる援助者に変わることにも、大きな意味がありそうです。お婆さんがジャンとその仲間に課すさまざまな試練は、若者が一人前になるために必要なイニシエーションの儀礼と考えてもよいのではないでしょうか。

主人公が地下の国を訪れ美しい娘を助け出す話は、日本でも「甲賀三郎」として、古くから伝えられています。

2. 魚の女王

むかし、一人の漁師がいた。ある日、漁にでかけると、魚の女王が網にかかってこういったんだ。

「私を放しておくれ、そうすれば沢山の魚がとれますよ」

女王を水に放して、一日漁をすると、本当に魚が沢山とれたんだよ。

漁師は、家に帰ってそのことを女房に話した。

「魚の女王を捕まえたらね、放してくれれば魚がうんと取れるようにしてやる、って言うんだ。それで、水に放してやったら、ほんとに凄くとれたんだ」

すると女房が、言った。

「まあ、なんて馬鹿なの。あたしゃ、そいつが食べたかったのに。きっと、取って来ておくれ」

漁師は川にもどって、もう一度、魚の女王を捕まえたんだよ。するとまた、こう言った。

「私を放しておくれ、そうすれば沢山の魚がとれますよ」

漁師は女王を水に放して、魚をたくさん取ると家に帰っていった。

女房は、

「魚の女王を取ってきてくれなかったのかい。今度は、あたしが一緒に行って、捕まえてやるから」って言うんだ。

「もし、もう一度捕まえたら、お前にやろう」と漁師は答えたのさ。

それで、漁師はまた網をうって魚の女王を捕まえた。

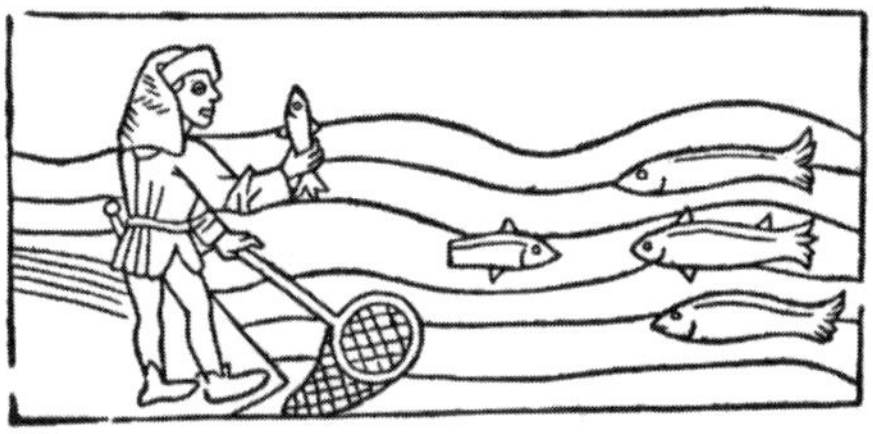

「私を放しておくれ、そうすれば沢山の魚がとれますよ」と女王がいった。

「いやだめだ。女房があんたを食いたがってるんでね」

「それじゃあ、あなたの好きなようにしなさい。でも、私を食べたら、私の骨を牝犬と牝馬の下に埋めなさい。それから、庭のバラの根元にも埋めるんですよ」

漁師は、魚の女王の言った通りにした。すると翌日、庭にでてみると、バラの根元にもうすっかり成長した三人の男の子がいたんだ。牝犬の下には三匹の犬がいて、牝馬の下には三匹の子馬がいたのさ。

子どもたちによくないことがあると、バラの花が一つバラの木から落ちることになっていたんだよ。

ある日、長男が三匹の犬をつれて旅にでた。ある村に着くと、みんなが

七つの頭の怪物

泣いているのに出会ったんだ。どうしたのかと尋ねると、王女様が一人、七つの頭の獣に食べられてしまうんだって。

若者は、王女様がつれて行かれた場所をおしえてもらった。そして、泉のそばで泣いている王女にであったんだ。

「どうしたんです、王女様」と若者はたずねた。

「ああ、私は七つの頭の獣に食べられてしまうのです」と王女様はいったのさ。

「私が、お助けしましょう。私はなにも恐れません。私には《救うべき魂》がないのです」

まもなく、七つの頭の獣がやってきた。三匹の犬をつれた若者は、「風切り丸」という名の最初の一匹を獣にけしかけた。長い戦いの後に、風切り丸は獣の三つの頭をやっつけた。

「今日はこれで引き上げるが、明日また来るからな」と獣がいった。

その翌日、若者はもう一度泉にいったんだ。

「おや、またお前がいたのか」と獣がいった。

若者は「鉄切り丸」という二番目の犬を獣にけしかけて、また三つの頭をやっつけた。「また明日ということにしよう」と獣が言ったんだ。

次の日、若者は「切り丸」という三番目の犬を獣にけしかけた。切り丸は、ほかの犬ほど強くはなかったけど、獣の頭は一つしか残っていなかったから、それを倒した。

獣が死ぬと、王女はいっしょに父王のところへ帰ろうと誘ったけど、若者はそれを断り、家に帰っていったのさ。

王さまは、太鼓をたたいてお触れを出して、王女さまを助けた者は獣の七つの頭をもってお城に来るようにと告げたんだ。三人兄弟の一番下の弟は獣の頭がほしくてたまらなかったけど、長男はそれを隠し、木で贋物をつくらせておいたのさ。一番下の弟は、その贋物をもって王さまのところへ行ったのさ。王さまはそれが本物でないことがわかるとすごく怒って、若者を牢に入れ、翌日首つりの刑にするって言い渡したんだよ。

ちょうどその時、二番目の弟が庭に散歩にでて、一輪のバラが木から落ちているのを見つけた。

「弟に、なにかよくないことが起こったな」

そう言うと、若者はすぐに王さまのところへ出かけていったんだ。

「ここへ何しにきたんだね」って王さまが尋ねた。

「私の弟を助けにきました」

王さまは二番目の弟も牢に入れて、翌日絞首刑にするよう命じた。

バラがもう一つ木から落ちた。それで長男は、

「弟たちに、何かわるいことが起こったにちがいない」って言ったのさ。

長男は獣の七つの頭と七つの舌を持つと、城にやってきた。

「ここへ何しにきたのか」と王さまがたずねた。

「弟たちを助けにきました。ここに獣の七つの頭と七つの舌があります」

「よくわかった。お前に免じて、弟たちを赦してやろう。お前は、私の娘を妻にするのだ」って王さまがいったのさ。

そこで、若者は王女と結婚し、兄弟たちも高い血筋の娘を妻にむかえた。両親ももちろん、みんな幸せに暮らしたのさ。


（ロレーヌ地方、コスカン編『ロレーヌの民話』所収、AT３０３）

解説

魔法民話の主人公は、不思議な力を備えています。その力の源は「熊のジャン」のように異類婚姻によることもありますし、「うかれヴァイオリン」のように見知らぬ援助者から授かる宝物のこともあります。この話のように母親がなにか特別なものを食べてそのために妊娠したり、その食べ残りから力の強い子どもが生まれる場合（異常誕生）も、少なくありません。

七つの頭の獣（竜）退治は、ヨーロッパで最もよく知られた民話の一つです。この話の主人公は三人兄弟で、三度の繰り返しが随所にみられますが、話によっては二人兄弟のこともあります。いずれにせよ兄弟の一人が七つの頭の獣や竜を倒し、王女さまを助け出すのです。このとき、兄弟たちはお互いの危機を知らせる植物や飲み物など魔法のシルシをもっていますが、これは「二人兄弟」という紀元前十三世紀のエジプトの記録にも見られるたいへん古いモチーフです。

「私には救うべき魂がないのです」というこの話の主人公の言葉の正確な意味はわかりませんが、おそらく主人公が魚の女王の生まれ変わりであり、キリスト教世界の者ではないことを暗示しているのでしょう。

現代ドイツのすぐれた民話研究者クルト・ランケは、この話の千話以上の類話を比較検討した結果、おそらくこの話の原型はフランスで生まれたのではないかと推測しています。

3. ピピ・ムヌーと空飛ぶ娘たち

むかし、ピピ・ムヌーって名前の若者がいて、毎日、丘にのぼって羊を飼ってた。麓にはきれいな池がひろがってた。そして時々、天気のいい時には、大きな白い鳥が何羽も水ぎわにおりて来るのに、気がついてた。ところが、地上におりたつやいなや、羽の衣が開いて、きれいな娘が素裸であらわれる。それから、娘たちは、日がな水浴びをして、ふざけっこをする。日の沈むすこし前になると、水からでて、羽の衣をきて空に舞い上がり、羽ばたきながら空高く上ってくんだ。

若い羊飼いは、遠くの丘の上からそれをぜんぶ見てた。それで、あんまりびっくりしちまって、湖に近づくこともできなかったんだ。けれども、ある晩、あんまり不思議に思えたんで、家で話してみたのさ。

すると、暖炉のすみのまる石の上に座って、糸巻き棒を指でまわしてたお婆さんが、こう言ったのさ。

「そりゃあ、白鳥娘だぞ。すごい魔法使いの娘さ。海のずっと、ずっと上に、金だの宝石だので輝いてるりっぱなお城があって、四本の金の鎖で支えられてる。娘たちはそこに住んでるのさ」

「それじゃあ、そのりっぱなお城を見にいく方法はないのかい、お婆さん」って、若者は聞いた。

「らくじゃあないが、行く手はあるさ。あたしがまだ若かったころ、ちょうどお前くらいの年頃のロール・ダゴーンって子の噂をきいたことがあるんだ。その子はお城にいっただけじゃなく、帰ってきたって話だった。その子の話で空のお城のことがわかったんだよ」

「そこに行くには、どうすりゃいいのさ、お婆さん」

「まあ、そのためには、まず怖がってちゃいけないってこと。次には、池のほとりの繁みに隠れて、じっと静かにしてること。それから、王女さまたちが（っていうのは、娘は王女さまなんだから）羽の衣を脱いだら、そのうち一つをさっと隠して、泣いても威《おど》してもそれを返さないこと。娘と空のお城にいって、かくまってもらって、助けてもらって、一緒になるって約束するまで羽の衣を返さないこと。これしかないんだよ」

ピピは、お婆さんのいうことをじっと聞いていたけれど、もう、一晩中、白鳥娘とお城のことが、頭から離れなかったんだ。

その次の朝、ピピはいつものように羊をつれて家をでた。けれども、冒険をしてやるぞって、すっかり心に決めてたんだ。そして池のほとりの柳と榛《はん》の木のあいだに身をかくしていると、いつものように日が陰ったかとおもうと、三羽の大きな白い鳥が、はばたきながら池の上にやってきた。

鳥たちが水際におりたつと、羽の衣がひらいて、中から目のさめるほど美しい三人の娘があらわれた。娘たちはすぐに水に入り、追いかけっこをしたりして、遊びはじめた。ピピはすっかり喜んで、美しい娘たちにみとれもせず、いそいで娘たちの羽の衣を一枚ぬすみとったのさ。それは、三人のうちで一番若くて美しい娘の衣だった。娘たちはピピに気が付くと、あわてて水から飛び出して、羽の衣の方にかけよった。上の二人はうまく衣を見つけたけれど、あとの一人はそれがピピの手の中にあるのに気づくと、かけよって叫んだのさ。

「あたしの着物をかえしてちょうだい」

「いいですとも、あなたの父さんのお城につれていってくれればね」

「だめよ、とっても出来ないわ」って、三人が一度に答えた。

「父さんは、あたしたちをぶつでしょう。あなただって、きっと食べられてしまうのよ。妹の羽の衣をすぐにお返しなさい」

「あなたたちの父さんのお城へつれていくって約束しなければ、返しません」

もう羽衣をまとってしまった上の二人は、妹をたすけにやってきて、

「この子の羽衣をおかえし、さもないとズタズタにしてしまうよ」って叫んだ。

「いいとも、ちっとも怖くないんだから」

ピピは、内心だめかなっと思いながらも、答えたのさ。

頼んでも、威しても無駄だってことがわかると、姉さんたちは妹にいった。

「好きなようにさせてやろうよ。とにかく羽衣がなくちゃ、家に帰れないんだから。もし父さんがお前が一緒でないのを知ったら、あたしたちだって、すごく叱られるでしょう」

若い王女さまは、泣き泣き、約束したんだ。ピピはそこで、羽衣を返してやった。娘はそれを身にまとうと、背中にのるように言ったので、そこにまたがった。すると、三人の姉妹は空に舞い上がり、大地も海も見えないほど高くとんだのさ。けれども、しばらくすると、雲の上に、四本の金の鎖で支えられた魔法使いのお城が見えてきた。

王女さまたちは、若い羊飼いをつれて帰るわけにはいかないから、お城の下にある庭におろして、庭師に世話を頼んだ。そして、いつもよりちょっと遅く帰ると、父さんは娘たちを叱って、しばらくの間、池にでかけることを禁止したんだ。娘たちは、部屋ですっかり退屈しちゃって、ピ

ピのことばっかり考えるようになった。きれいな若者だったからね。ピピのほうも、やっぱり娘たちのことが気になって、とくに背中にのせてくれた娘が気がかりで、しまいには両方で一緒になる方法を工夫したんだ。

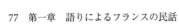

夕方になるといつも、王女さまたちの母さんが、大きな籠を綱につけて庭におろすんだ。すると庭師が、明日のために、果物だの野菜だのをいっぱい詰める。それを、母さんが引上げるんだ。ある夕方、ピピは籠にのっかった。キャベツだのニンジンだの、野菜の下にね。

母さんがひっぱってみると、「なんて重いんだ。いったい籠になにを入れたんだい」母さんが聞いても、庭師は答えないさ。なぜって、今日は、ピピに籠の世話を頼んだんだからね。でも末の王女さまは窓辺にいて、籠の中のピピに気がついた。そこで急いで母さんの手伝いに走って、こう言ったんだ。

「母さん、あたしがやりましょう。お年で、きっとこたえるでしょう。これからは、毎日籠を上げますから、もう心配はいらないわ」

母さんは、娘の心使いに満足して、行ってしまったんだ。ピピは、そこで、上に引上げられて、王女さまの部屋にかくされて、夜をすごした。そして毎夕おんなじ道をとおって上にのぼり、朝方はやく下におりたのさ。ところが、この手口に気がついた姉さんたちが嫉妬して、ピピが姉さんたちのところにも来なければ、ぜんぶ打ち明けるって、威《おど》したんだ。そこで、ピピと末の王女さまは、一緒にお城を出て、地上におりる決心をした。

二人は、ポケットにいっぱい宝石や金をつめこんだ。それから、みんながグッスリ寝ているうちに、若い魔法使いは羽衣を身につけると、ピピを背中にのせた。そして、二人は出発した。次の朝、年とった魔法使いとその妻は、二人をおいかけたけれど、もう遅かったのさ。

王女さまはキリスト教徒じゃなかったから、洗礼をうけて、それからピピと結婚した。二人はずっと幸せに暮らして、子どももたくさんできたのさ。でも、その子たちはみんなモルガンに取られちゃったって話だ。

（低ブルターニュ地方、一八七三年にウェッサン島にすむマリー・テュアルに聞く。
リュゼル編『低ブルターニュの民話』所収　ＡＴ３１３）

解説

「白鳥の乙女」として世界中によく知られた話です。日本でも「天人女房」や「羽衣」としてなじみの深い話ですが、アジアではことに中国の雲南省を中心としたいわゆる「照葉樹林文化圏」に広く分布しています。

ヨーロッパの類話には、アジアの場合と同じく、白鳥の娘が「結婚の後に失踪して、自分の国に帰ってしまうタイプ」と、この話のように「夫の逃走を助けるタイプ」との二つに大きく分かれるようです。しかしいずれにせよ主人公が鳥の娘と結ばれる異類婚姻のモチーフは古くから存在します。アジアとヨーロッパの話の関連を知る上で、大切な話の一つです。

最後に一言だけ登場するモルガンは、ブルターニュの人たちの信じる美しい海の妖精です。この話の娘たちも初めは「魔法使い」と語られていますが、実はモルガンだったのかもしれません。

4．アルルの大工

むかし、アルルに大工と宿屋をやってる男がいたんだ。

ある日、イエスさまと聖ペテロが通りかかった。

「なにか食べさせてくれないか」

「いいですとも」

そして二人は、たっぷり食べたのさ。

出発しようという時になって、イエスさまが聞いた。

「大工よ、お前は私達をよくもてなしてくれた。お礼に三つの願

いをかなえてあげよう。なにか欲しいものをいってごらん」

大工はすぐさま事情をさっして、ちょいと考えた。聖ペテロが耳もとで言った。

「天国に行けるようにお願いしなさい」

けれども、大工は言ったのさ。

「あっしゃ、賭けごとが大好きですから、いつでも勝てるようなお恵みをいただきたいもんです」

「いいとも、お前はいつでも勝つだろう。次は、なにを授けてほしいかね」

そうイエスさまがたずねると、聖ペテロがまた耳もとで言った。

「天国をお願いしなさい」

「ほっといてくれ」って大工は言った。そしてこう答えたのさ。

「そうだ、あっしの店には、布地が一巻きありますが、その上に座ったもんは誰でも、あっしが『よし』と言わないかぎり立てないようにして下さいまし」

「よかろう、願いはかなえられた。まだあと一つ、残っているが」って、イエスさまがいうと、聖ペテロがまたいった。

「天国をお願いしなさい」

「しつこいなあ、まったく」と大工がいうと、

「もう一つべつの、大切なやつがございます。そこの庭にイチジクの木があるんですが、その木に上ったもんは、あっしの許しがないかぎり下りられないようにして下さいまし」と答えた。

「よし、よし、それもかなえられた」って、イエスさまは言ったんだ。

さて、大工も年をとった。そして、死神が迎えにきた。

「ちょいと、待ってくれ。股引きを取り替えてくから、そこに座ってな」

死神は巻いたきれの上に腰かけたのさ。そして間もなく大工がやってきた。

「支度はできたかい」

死神は出かけようとして、腰を上げたが立ち上がれないんだ。

「やあ、ひっかかったな」と大工がいった。

「立たせてくれ。そうすりゃあ、好きなようにさせてやるから」

「立ちたきゃ、あと百年寿命をよこしな」

そうして、死神はそいつを約束させられちまったのさ。

百年たって、死神はまた迎えにやってきた。すると今度は、庭のイチジクが目にはいったのさ。

「ちきしょう、なんてうまそうなイチジクなんだ」

「そうだろう、食べてみるかい」って大工は言った。

そこで死神は木にのぼって、イチジクを食べはじめた。そうして、さんざん食べて下りようとすると、なんてこった、下りられない。

「まあ、好きなだけそこにいな」って大工が言った。

「また騙したな。さあ、下ろしてくれ、言うことをきいてやるから」

「下りたかったら、あと二百年寿命をよこしな」

死神は、また言うことをきくはめになったんだ。

そんな調子でまた二百年たって、死神がまた迎えにやってきた。こんどは、寝ている間にきたので首尾よく連れてくことができたのさ。

死神は大工を天国につれてったが、引き受けてくれない。煉獄でもだめだった。そこで地獄へいくと、門を開いてくれた。悪魔の子分が、大工のチョッキのポケットにカードが入ってるのを見つけて、聞いたんだ。

「お前はきっと賭博師だな」

「そうともさ、おれが一番くやんでるのは、あっちの世でやった勝負のなかで、一度たりともオケラにされたことがねえってことだ」

「なんだって、一度もオケラになったことがないんだって」

「そうともよ。悪魔の大将がきたって、そいつぁ、ムリだね」

するど、それを悪魔の大将がきいてたのさ。

「いったい、どこの虫けらだ。悪魔がオケラにできないなんて見栄をはってるのは」

「あっしでさ」

「お前か。おれとひと勝負やってみるか」

「ああ、いつでも結構ですよ。あっしにゃ、あんたが格別こわいってこたぁ、ないんでさ」

「なにを賭けるつもりだね」

「いつもは板をかけるんだが、ここにはない。持ってるのは魂だけだから、こいつと地獄の外の世界を賭けましょう」

二人は、ありとあらゆる勝負をした。エカルテ、マリアージュ、オム、アンペリアル、ベット・オンブレ……。なにをやっても悪魔がカモられた。こうして、大工は地獄の外の世界を手にいれたのさ。

けれども、いったい何処へいったらいいんだろう。大工は天国の門の前にやってきた。「いったい何しにきたんだい」と聖ペテロがきいた。「悪魔がお前を閉じ込めそこねて、お前は逃げてきたのかい。でも、それがなんの役に立つっていうんだ。お前は、ここには入れないことを知ってるだろ。どうして私が天国を望むように言った時にいうことを聞かず、私にしつこいと言ったんだ」

「まったく、あっしが間違ってました、ペテロさま。でもどうか哀れと思って下さい。このままずっと、あっしを外においとくことも出来ないでしょう」

「それはそうだが、お前の居場所は地獄なんだよ。いったいお前はどうやって、あすこを抜け出してきた

天国の門を守る聖ペテロ

んだい」

そこで大工はペテロに、どうして悪魔と魂をかけた勝負をして地獄の外の世界を手にいれたか、どうやって悪魔の大将をコケにしてやったか、を話してきかせてやったのさ。

大工が話をしているうちに、天国の連中がみんな門に集まってきて、イエスさままで大笑いして聞いていたんだ。そして、イエスさまが聖ペテロにこう言ったのさ。

「なあペテロ、入れてやろうじゃないか。地獄におとしたその業が、その身を救ったんだ。天国の外においとくわけにも、いかないさ」


（ガスコーニュ地方、一八九一年生まれのA・ラモンによって、ロズで一九〇二年に語られる。シュザンヌ・セズラックが記録。アントナン・ペルボスク編『ガスコーニュの民話』所収。AT330）

解説

キリストがペテロやヨハネのような弟子を連れ、地上を遍歴する宗教民話はヨーロッパ各地につたえられています。日本の弘法大師や行基の話のように、貧しくてもこれを手厚くむかえた者にはふしぎな贈物があたえられるのです。

この話の主人公の大工は、すばやく来訪者の正体を見ぬくととんでもない物をお願いしますが、これはその意味で宗教民話のパロディーといってもよいでしょう。知恵者でトリックスターである主人公は、その能力をつかって楽しくこの世を生き抜き、死神をだまして長寿を手にいれ、エピキュリアンとしての生をまっとうします。そしてさらに地獄の悪魔を煙にまき、天国にすら紛れ込むのですが、これはヨーロッパ・キリスト教世界のもうひとつの理想を体現する話だといってもよいと思います。

大工や鍛冶屋のような職人が特別な能力をもち、トリックスターとして活躍するのも昔語りの世界によくみられる大切な特徴のひとつです。

5．白い牝猫

むかし、三人の息子をもった王さまとお妃さまがいました。

二人は、三人のうちどの子に跡を継がせたらいいか分かりません。そこで、こう言いました。

「旅に出なさい。三日のうちに一番りっぱな布をもってきた者に、王位を継がせよう」

「お父さま、ご命令どおりにいたしましょう」

三人は、そろって出発しました。けれども、しばらく行ったところで、二人の兄さんは弟をおき去りにしていってしまったのです。

弟は、歩きにあるきました。そして、とうとう白い牝猫のいる城についたのです。中に入ると、

「こんにちは、きれいな白い牝猫さん」

「こんにちは、素敵なお若い方。どちらに行かれます」

「私の父は王さまで、私たちは三人兄弟です。王さまは、いったい誰に王位を継がせたらいいか分からないので、私たちに言いました。『旅に出なさい。三日のうちに一番りっぱな布をもってきた者に王位を継がせよう』」

するると、牝猫が言いました。

「毎日、狩りにお出かけなさい。そうすれば、一番りっぱな布が手に入りますよ」

三日の間、弟は狩りに出かけました。

三日目に、食事をしながら、弟は頭をかきました。

「どうしたんですか」と白い牝猫がたずねると、

「ええ、私はもう帰らなくちゃいけないんですが、まだ布がないものですから」

「そのことなら、ご心配なく。食事やお酒を召し上がりなさい。そうすれば、一番りっぱな布が手に入りますよ」

食事とお酒がすむと、白い牝猫は大きな本をもってきました。そして、それを開くと、りっぱな布がありました。

若者は、父親のもとへ帰っていきました。

お城につくと、兄さんたちが持ってきた布を見せていました。弟の番になって、布を広げると、王さまは言いました。

「一番りっぱなのは、私の末息子の布だね」

その次の日になると、王さまは言いました。

「息子たちよ、もう一度、旅にでなさい。三日のうちに一番りっぱな馬をつれてきた者に王位を継がせよう」

「お父さま、ご命令どおりにいたしましょう」

二人の兄さんたちは一緒に出発し、末の弟は白い牝猫のところに行きました。

「こんにちは、きれいな白い牝猫さん」

「こんにちは、素敵な若いお方。どちらに行かれます」

「私の父は王さまで、私たちは三人兄弟です。王さまは、いったい誰に王位を継がせたらいいか分からないので、私たちに言いました。『旅に出なさい。三日のうちに一番りっぱな馬をつれてきた者に王位をつがせよう』」

「毎日、狩りにお出かけなさい。そうすれば、一番りっぱな馬が手に入りますよ」

三日の間、弟は狩りに出かけました。三日目に、食事をしながら、弟は頭をかきました。「どうしたんですか」と白い牝猫がたずねると、

「ええ、私はもう帰らなくちゃいけないんですが、まだ馬がないものですから」

「そのことなら、ご心配なく。食事やお酒を召し上がりなさい。そうすれば、一番りっぱな馬が手に入りますよ」

食事とお酒がすむと、白い牝猫は、弟を厩《うまや》につれていき、背中をなでるとルイ金貨がこぼれだす一頭の馬を選んでくれました。

若者は、父親のもとへ帰っていきました。

お城につくと、兄さんたちが馬を見せていました。とてもりっぱな馬でしたが、弟の馬ほどではありません。王さまが、馬の背中をなでると、ルイ金貨がこぼれだしました。そこで、王さまは言いました。

「どうだい、一番りっぱなのは、やっぱり末息子のだね」

その次の日になると、王さまは言いました。

「息子たちよ、もう一度、旅に出なさい。三日のうちに一番うつくしい娘をつれてきた者に王位を継がせよう」

「お父さま、ご命令どおりにいたしましょう」

二人の兄さんたちは一緒に出発し、末の弟は白い牝猫のところに行きました。

「こんにちは、素敵な若いお方。どちらに行かれます」

「私の父の王さまが、私たちに言いました。『息子たちよ、もう一度、旅に出なさい。三日のうちに一番うつくしい娘をつれてきた者に王位を継がせよう』」

「毎日、狩りにお出かけなさい。そうすれば、一番うつくしい娘が手に入りますよ」

三日の間、弟は狩りに出かけました。そして、三日目に、食事をしながら、弟は頭をかきました。「どうしたんですか」と白い牝猫がたずねると、

「ええ、私はもう帰らなくちゃいけないんですが、まだうつくしい娘が見つからないものですから」

「そのことなら、ご心配なく。食事やお酒を召し上がりなさい。そうすれば、一番うつくしい娘が手に入りますよ」

食事とお酒がすむと、白い牝猫は首切り台と大きな刀をもってきて、しっぽを台の上におき、刀を若者にわたして、言いました。

「私のしっぽを切ってくださいな」

「とんでもありません」

「いいえ、お切りなさい」

そこで、若者はしっぽを切りました。すると、牝猫はうつくしい娘にかわったのです。二人は、四頭立ての大きな馬車にのって、王宮にむかいました。

兄さんたちは、それぞれうつくしい娘を、お父さんの前につれて来ていました。けれども、末

の弟がつれて来た娘を見ると、みんなすっかり驚いてしまいました。そして王さまは言いました。

「息子たちよ、王冠にふさわしいのが誰か、よく分かったね」

それから、王さまは頭から冠をとると、末の息子の頭にのせました。

ところが、息子は冠をとると、一番上の兄さんの頭において、言ったのです。

「お父さま、王冠はお兄さまにもどりました」

それからみんなは、美しい娘と一緒に白い牝猫の城にいったのです。

そして、二人は結婚して、わたしも式にでてました。


（ガスコーニュ地方、一八八九年生まれの女子学生、マリー・ジューグラールが語る。セズラック記録。ペルボスク編『ガスコーニュの民話』所収、ＡＴ４０２）

解説

白い猫が美しい王女に変身する話です。グリムの「三枚の羽」の類話ですが、フランスではこのタイトルが一番よく知られています。それは、オーノワ夫人の『新しいお話』（一六九八年）のなかの「白い牝猫」が、民衆本として行商たちの手によって運ばれ、各地の語りの世界に浸透したためでしょう。グリムの話では王女さまのもとの姿は蛙ですが、フランスでも語りの世界にはこのタイプが少なくありません。

牝猫は王女さまに変身するために尻尾を切ってもらいますが、話によっては首を切ってもらうこともあります。そこには、これまでの古い自分を殺して、新しく生まれ変わる昔語り独特の「死と再生」の象徴を読み取ることもできると思います。

いずれにせよ、三人兄弟が三度の試練を繰り返し、いつも一番下の弟が勝利する民話の「三倍化の法則」を、形のうえでも言葉のうえでも守った見事な語りです。「結婚式に参列した」という語り納めの言葉も語りの形式をきちんと踏んでいます。

6. ちいさなカラス

むかし、三人の娘をもった夫婦がいたんだよ。亭主の方は盲だったんだ。ある日、一番上の娘が泉へ桶いっぱい水をくみにいって、水口《みなぐち》のところでカラスに会ったのさ。

「きれいな娘さん」ってカラスがいった。

「もし父さんの目を治したきゃ、わたしと一緒になりなさい。でも、もし嫌なら、明日の同じ時間に、妹さんを泉のうらのこの場所につれていらっしゃい」

家に帰ると、娘はぜんぶ父さんに語って聞かせたのさ。

「好きなようにおし」って、父さんは答えた。

「あのカラスはあんまり汚いわ」って、娘はいった。

「わたしは嫌よ。あした泉に妹をつれてって、カラスが気にいるかどうか見てみましょ」

次の日、ふたりの娘はまた水くみにいって、泉のそばでカラスに会ったのさ。カラスは、二人のうちのどちらかが自分と一緒になれば、父さんの目は治るって、また言った。

「わたしは嫌よ」って上の娘が言った。

「わたしだって」ともう一人が言った。

「それじゃあ家にお帰りなさい。そして明日またここへ、一番下の妹さんをつれていらっしゃい」ってカラスは答えた。

家に帰って、娘たちがそのことを話すと、父さんはこう言ったのさ。

「目が治るのは嬉しいけれど、もしもカラスが気にいらなけりゃ、お前たちが無理して一緒になることはない」

「それじゃあ、あした妹がカラスを気にいるかどうか見てみましょ」

その次の日、三人の娘たちは泉にいって、またカラスに会ったのさ。カラスはまた同じことをいった。

「もし父さんの目が治るなら、わたしはあなたと一緒になりたいわ」って末の娘がいった。

「そんなら、明日もう一度ここにいらっしゃい。結婚に必要なものをぜんぶ鞄につめて」

家に帰ると、父さんの目はすぐに開いたのさ。

そこで、三人の娘はいそいで鞄を用意した。そして次の日、娘はまっすぐ泉にでかけた。そこにはカラスが待っていた。その片足に鞄をむすびつけ、翼にのると、二人は舞い上がった。

もの半時間もいくと、日が暮れて、二人はすごいお城につき、窓からまっ暗な部屋にはいった。それから、カラスは立派な王子さまに変わったのさ。妖精が、昼の間カラスに変わる力を王子さまに授けたんだ。

一週間ほどして、気立てのいい王女さまは里帰りすると、みんなにぜんぶ話して聞かせた。姉さん達がどんなにやきもちを焼いたか、考えてごらん。あんまり悔しくてしょうがないんで、ある夕方、二人は城に登ってこっそり妹の部屋に入ったのさ。それからロウソクに火をつけて、王子さまの翼の上にロウをたっぷり流したんだ。王子さまは、カラスに変身しないときは、翼を棚のうえに置いといたからね。

日が暮れてから、王子さまはそれを見つけて、とっても嘆いたんだよ。というのは、もしその翼をいためたら、十年の償いがいるって妖精が言ってたからね。

二人は、それぞれ長い償いをしなくちゃいけなかった。王子さまは、ずっと城をはなれて、償いを果たしに遠くへ行かなくちゃいけなかったし、娘も城で二日ばかり働いてから、やっぱり遠くへ償いにでなきゃならなかった。

「よくお聞き。むかし妖精がこんなことを教えてくれたんだ。あんまり辛い仕事をしなけりゃいけない時には、お前はこんな風に言えばいいんだよ。

ちいさなカラス、ちいさなカラス

助けておくれ、お願いだ

ここで十分働いたら、お前はわたしのお婆さんのところへダイヤモンドをとりにやらされるだろう。そしたら、七つのパンと七つの大きな箒、七本の針と七つの小さな箒、それと七本の油を忘れないように気をつけなさい。もどって来たら、城の中庭につれだされ、男たちみんなの前を歩かされて、気にいった男を選ばされるだろう。最後の男がわたしだから、お前は『わたしはこの人がいい』と言えばいい」

そして王子さまは出ていったのさ。

次の日、最初の試練として、城の男たちはかわいそうな娘に、堆肥を馬車五十台分、一日で積み込むようにって言ったのさ。そこで娘は泣き出した。そんなに短い時間で終わらせるなんて、出来っこないもの。でも、とにかく仕事を初めて、一台分は積み込んだ。そして疲れはてた時、娘は王子さまの言葉を思いだして、言った。

ちいさなカラス、ちいさなカラス

助けておくれ、お願いだ

すると、森のあっちこっちから、カラスの群れがやってきて、ものの三時間もしないうちに、残った四十九台の馬車に堆肥を積み終わったのさ。

夕方、男たちは仕事がどこまで捗ったか、のぞきに来てびっくりした。

「いったい、たった一人で、どうやってみんな積み込んだんだ」と一人が言った。

「出来っこないよ」ともう一人が言った。

「あしたは、どうするか見張っていよう」と三人目が言った。

次の日は、五十台の堆肥をお城の牧場ぜんぶにおろす仕事さ。最初の牧場にやってくると、娘は叫んだ。

ちいさなカラス、ちいさなカラス
助けておくれ、お願いだ

すると、いたるところからカラスたちがやって来て、ほんの二時間ばかりで五十台の馬車を空にした。仕事を見にきた男たちは、昨日よりまたびっくりした。そこで娘に、今度は王子さまのお婆さんのところへ、ダイヤモンドを取りにやることにした。

娘は次の日の明け方、王子さまに言われた通り、七つのパンと七つの大きな箒、七本の針と七つの小さな箒、それに七本の油をもって旅に出たのさ。

長い、ながいあいだ歩いていくと、道が丘のてっぺんに向かって上りはじめた。すると間もなく、七年まえから一つのパンを争って、道をふさいでいる七匹の犬にであったのさ。娘がみんなに一つずつパンをわけてやると、犬は通してくれた。

丘を越えて少しいくと、七年まえから一つの箒を争って、道をふさいでいる七人の女にであった。娘がみんなに一つずつ箒をわけてやると、女は通してくれた。

もっと行くと、七年前から一本の針を争って、道をふさいでいる七人の仕立屋にであった。娘がみんなに一本ずつ針をわけてやると、仕立屋は通してくれた。

またもっと行くと、七年前から箒ではかれたことのない、大きな石の階段の下についた。娘は、それを掃ききよめ、小さな箒でくもの巣をとってやったのさ。階段の上に、王子さまのお婆さんが住んでいる城の壁がみえた。でも扉はしまっていて、七年前から油をさしたあとがなかった。娘がていねいに油をさしてやると、扉はひとりでに開いたのさ。するとまた、七年前から箒ではかれたことのない階段があった。娘はそれをきちんと掃ききよめ、小さな箒でくもの巣をとってやったのさ。どんどん上って、階段のてっぺんにつくと、お婆さんの部屋の扉の前についた。娘が、七年前から一滴の油もさしたことのない、この扉にも油をさしてやると、それはひとりでに開いたのさ。けれども、これで七本の油はなくなってしまったし、七本の小さな箒もすり切れてしまったから、もうなんにも残っていなかった。

部屋には、お婆さんが眠っていて、ダイヤモンドは梁にぶらさがってた。娘はいすに上って、ダイヤモンドをとって、いそいでとび出したのさ。ところが、お婆さんはたちまち目をさまし、梁にダイヤモンドがないのに気づくと、起き上がってこう叫んだ。

　扉よ、とびら、娘をはやく捕まえろ
　階段よ、かいだん、どろぼう娘を捕まえろ
　扉よ、とびら、どろぼう娘を捕まえろ

けれども、七年ぶりに油をさしてもらった扉は、すっかりごきげんで、七年ぶりに清めてもらった階段は、すっかりごきげんで、娘を通してくれたのさ。お婆さんは、自分で追いかけはじめた。そして娘が、あの七人の女の近くまでくると、叫んだんだ。

　女よ、おんな、どろぼう娘を捕まえろ

すると七人の女は答えた。

「あたしたちゃ、七年前から一本の箒を争ってきたけど、いまじゃ一人に一本あるのさ」

そして娘を通してくれた。

もっと行くと、お婆さんは七人の仕立屋と七匹の犬に気がついて、こう叫んだ。

　仕立屋よ、したて屋、どろぼう娘を捕まえろ

　犬よ、いぬ、どろぼう娘を捕まえろ

仕立屋はこう言った。

「おれたちゃ、七年前から一本の針を争ってきたけど、いまじゃ一人に一本あるのさ」

そして、犬はこう答えた。

「おいらたちゃ、七年前から一つのパンを争ってきたけど、いまじゃ一匹に一つあるのさ」

そうして、仕立屋も犬も、娘を通してくれたのさ。娘は、こうしてダイヤモンドを手にいれて、王子さまのお城にたどりついたんだ。

その次の日、娘は中庭に一列にならんだお城の男たちぜんぶの前を歩かされた。そのうちのだれを聟に選ぶかっていうんだな。

「この男にするかね」って、男たちの前を通るたんびに聞かれるんだ。

「いいえ」って娘が答える。

こうして、最後にボロボロの着物をきた男のところへきた。

「この男にするかね」って尋ねられて、

「ええ、この人にします」って、娘は答えた。

それが王子さまだったんだ。

勇敢な娘は、試練にたえて、王子さまを手にいれたのさ。

それから、二人は結婚することになって、いままで誰もみたことのないような素晴らしい式を挙げたんだ。

牧場についたぞ

トリック・トラック

わたしの話もおしまいだ

（アリエージュ地方、フーガ・エ・バリヌフ村に住む、六十三歳のマリー・アルノー夫人から一九四九年一二月と一九五〇年一二月に聞く。「モーリス手稿」、ＡＴ４２５）

解説

アプレイウスの『黄金のロバ』に収められた「アモールとプシュケ」のエピソードによって、よく知られた話です。

三人の娘に求婚するカラスは、ふしぎな力をもち、しかも怪物めいていますから、導入部は日本の「蛇聟」や「猿聟」のような異類婚姻譚の場合とよく似ています。しかしすぐにカラスが美しい王子に変身し、娘と幸せな結婚生活をおくるところが異なります。

娘が長い旅をかさねて訪れる地の果てには、ふしぎなお婆さんが犬や階段や扉に守られて住んでいますが、これはロシアのヤガー婆さんやドイツのホレ婆さんと同じく超自然的な他界の主でしょう。娘は王子の言いつけをよく守り、他界の宝を奪い、見事に脱出します。このスリリングな脱出には決められた約束があって、世界各地の昔語りのなかに同じパターンが見られます。最後の語り納めも、きちんと約束を踏まえた見事な語りです。

なお、ボーモン夫人の「美女と野獣」もこの話のサブ・タイプに分類されます。

7. 娘と七人兄弟

むかし、男の子ばかり七人いて、一人も娘のいない女がいたんだ。七人の子どもたちは、鞭をもって馬方になりたいと思ってた。

「もし、もうひとり男の子が生まれたら、お前たちは馬方におなり。けれども、もしそれが女の子だったら、杖をあげるから羊飼いにおなり」って母さんが言ったんだ。

そしてしばらくすると、女の子が生れたから、母さんはみんなに杖をくれた。男の子たちは馬方になれなかったことにすごく腹を立てて、アルデンヌの森に逃げ込んで、小屋をつくったのさ。

娘は大きくなると、近所の人たちが兄さんたちの話をするのをよく聞いた。娘がそれは本当かって尋ねたけれど、母さんはいつも違うって言う。

けれども、みんなが七人の兄さんがいるってあんまり繰り返すもんだから、娘は兄さんたちがどうなったのか教えてくれって、母さんに頼んだんだ。

「もしお前が、エプロンを燃やさずに、中に火を入れて運んできたら、教えてあげるよ」って母さんは答えた。

娘は、それがとってても難しいと思ったけれども、エプロンの中に灰をいっぱい敷いてその上に燠をいれて、着物が燃えないように工夫した。

つぎに母さんは、娘に六リヤールしかない小刀をわたして、「森にいって三本のふとい樫の木を切っておいで」っていった。娘は森にいったけれど、大きな木と小さな刀を見くらべて、がっかりして泣き出したのさ。

すると、マリアさまがやってきて、こういったんだ。

「さあ、こわがらないで、勇気をおだし、木は思ったより簡単に倒れるかもしれないよ」娘が、小刀で三度切りつけると、樫の木はすぐに倒れた。

娘は、母さんのところへ帰ると、森での出来事を話した。けれども、母さんはまだ兄さんたちの居場所を教えてくれない。そして、娘に木の皮をぜんぶはいで持ってくるようにいいつけた。それから、その仕事もすむと、今度は池の水をちいさなクルミの殻で汲みつくすように命令したのさ。

この仕事もマリアさまのおかげでやりとげると、母さんは娘に兄さんたちと同じ杖とちいさな犬を渡して、「この犬のあとについておゆき」っていったんだ。

＊

娘があとについていくと、犬はアルデンヌの森にはいって、粗末な小屋のまえでとまった。そこが、兄さんたちの棲家だったんだ。娘がそこに入るとだれもいなかった。兄さんたちはみん

な働きにいっていたからね。娘は部屋をきちんとかたづけて、スープを火にかけ、お椀のなかにパンをきりわけてから、ベッドの下にかくれた。

兄さんたちは、帰ってくると、家の中がきちんと整頓されていて、箒《ほうき》がかけられ、夕食まで用意されていることに、すごくびっくりした。

次の日も、いつものように家をでて、帰ってみると、また仕事がぜんぶ済んでいた。

一番上の兄さんが、明日は自分が家に残って、誰がいったい家にくるのか見とどけてやろう、と言ったんだ。けれども、妹が白い杖で兄さんにさわると、眠りこんでしまって、その間に仕事はすっかりかたづいてた。次の日、家に残った二番目のにいさんも、やっぱり眠ってなにも見なかった。こうして六人の兄さんが、同じように次々と妹の杖にさわって眠ってしまったのさ。

七番目の兄さんの番がきたとき、妹は兄さんを眠らせずに、姿をあらわして話をしたんだ。自分が妹だってことや、すごく遠くから兄さんたちに会いにきたことなんかをね。

兄さんは、ほかのみんなの前にでるのは気をつけた方がいいって言った。もしかすると、殺そうとするかもしれないから、帰ってきた時には隠れていたほうがいいって言うんだ。みんなが妹のことをどう思ってるか、探ってみるからって。

そして、兄さんたちが仕事から帰ってきて、食事をしたときに、こう言ったんだ。

「ぼくは、妹に会えたらとても嬉しいな。もう、きっと大きくなって、かわいい娘になってるだろうな」

すると一番上の兄さんが言った。

「もし、ぼくが会ったら殺してやる。だって、ぼくたちの未来をぶち壊したのは、あいつなんだから。あいつさえいなけりゃ、ぼくたちは馬方になれたんだ」

ほかの兄さんたちも同じ考えだと言ったのさ。

けれども、七人の中で一番やさしくて穏やかな末の兄さんが、それは妹じゃなくて、母さんのせいなんだって言ったから、しまいには、みんなもその気になって、妹に会えたらすごく嬉しいだろうって言いだした。

そこで、末の兄さんは打ち明けたんだ。

「毎日ここにきて、部屋を掃除して、かたづけて、食事の用意をしてくれたのは妹なんだ。いま連れてくるからね」

妹がやってくると、とってもかわいかったので、兄さんたちも喜んで、ぜひこれからも世話をして欲しいっていったのさ。

この時からずっと、妹は兄さんたちと暮らして、みんなとっても幸せになったんだ。

（低ブルターニュ地方、一八七八年にトレリヴァン生れのジャンヌ・バジュルが語る。

（リュゼル編『低ブルターニュの民話』所収、ＡＴ４５１）

解説

グリムの「七羽のカラス」やアンデルセンの「野の白鳥」などでよく知られた話の類話ですが、七人の兄弟は鳥に変身することはありません。かわりに兄弟たちが腹をたてて引っ込んでしまうのは、フランスとベルギーの境にあるアルデンヌの森です。

いまでこそ森は私たちの憩いの場ですが、かつては恐ろしい他界でした。森の中での兄さんたちの生活は、「白雪姫」の小人や「三匹の熊」の熊とよく似ています。妹はそこへ白雪姫や「三匹の熊」の「きんきらこ」のようにこっそり入ってゆくのです。しかし、そんなけなげな妹を無慈悲に殺そうとする兄さんたちは、「人食い鬼」や「山賊」と同じような異人の性格をそなえているように思われます。

兄弟をなかば追いだし、娘にきびしい試練を与え、魔法の杖と小犬を授ける母も謎の多い存在です。母と兄弟との葛藤は、妹と和解した後もとけることはありません。この場合、母は実母ですが、グリムやアンデルセンに登場する「魔法使い」や「継母」とほとんど同じ役割を果たしているのが興味深い点です。

8. 二つの瘤《こぶ》

一年のうちでも幾晩かは、ことに月のちょっとかかった晩なんかは、ケリガンどもが歌ったり踊ったりするのが聞こえるんだ。いつでも同じ歌声で、月曜日、火曜日、そして水曜日、月曜日、火曜日、そして水曜日って歌ってるんだ。

ある土曜日の晩、一人の背中に瘤のある仕立て屋が仕事から帰ってくると、道のむこうの野原から歌ったり踊ったりする声が聞こえてきたんだ。仕立て屋は野原にはいって、踊りの仲間入りをしたのさ。そのうち、同じ歌の文句ばかり聞くのにあきちゃって、月曜日、火曜日、そして水曜日、月曜日、火曜日、そして水曜日、というやつに「それから木曜日」ってつけ加えちまったんだ。「うん、なかなかいいじゃないか」って、ケリガンの親分みたいなのがいうと、みんなも一緒に声を合わせたのさ。月曜日、火曜日、水曜日、そして木曜日ってね。みんなが、すてきだって思ったんだ。

ケリガンと瘤のある男

「なにかお礼をしなくちゃいけないな」って一人がいうと、

「なにをやろうか」って親分がいった。

「瘤をとってやろうじゃないか」って、みんなが一緒にいった。

そして、仕立て屋の瘤はなくなった。夜明けに、仕立て屋は大喜びで帰っていった。

次の日は日曜日だったから、友達がみんなで、いったい瘤はどこへいったのかって聞いたんだ。

「飛んでいっちまったのさ」って、誰がそれをとったか言いたくなかった仕立て屋は答えてた。

ところで、隣にやっぱり瘤のある機織りがすんでいて、いったいどうやって瘤を始末したかって尋ねた。仕立て屋は、自分の冒険を語ってきかせ、同じ手口でやってみるように勧めたんだ。

機織りは、ケリガンをさがしにいって、近くの牧場でみつけたのさ。そして、すぐさま輪に入って、ケリガンが、月曜日、火曜日、水曜日、そして木曜日って唄い終わるやいなや、「そして金曜日」ってつけ加えたのさ。みんなは一緒に、月曜日、火曜日、水曜日、木曜日、そして金曜日って唄ってみた。

「どうもよくないぞ」って一人がいった。

「とってもよくない」ってもう一人がいった。

「まったくだめだ」って、みんなが一緒に繰り返した。

「罰を与えなくっちゃいけない」って一人がいった。

「なにをやろうか」って親分がいった。

「仕立て屋の瘤をやろうじゃないか」って、みんなが一緒にいった。

こうして、機織りは二つめの瘤をしょいこんだのさ。そしてすっかりふさぎ込んでかえって、もう外にでる気もしなかった。客も友達もからかうし、あんまり苦しくて、その年のうちに死んでしまったんだ。


（低ブルターニュ地方、ル・ルージック編『カルナック』一九〇九年所収、ＡＴ５０３）

解説

日本の「瘤とり」にとてもよく似た話です。日本の話の多くが「隣の爺型」で、よいお爺さんと隣の悪いお爺さんの話になっているのにたいして、この話の場合には仕立て屋と機織りの運命はまったく偶然に左右されていると言ってよいでしょう。瘤をとってもらうのも、くっつけられるのも運次第ですから、結末もきわめて残酷に響きます。

ブルターニュには、この他にこれとよく似た継子話があります。継母にいじめられた娘が海辺に出ると、あの世に行くことができず彷徨っている死者に出会います。娘はやはり彼らのうたう短い歌を完成してあげて、贈物をうけとるのです。この場合は、意地悪な実子がそれを真似して失敗することになっています。

ケリガンは、ブルターニュの荒れ地に住む妖精たちの仲間で、さまざまの悪戯をします。

9. ボルドーのジャン

むかし、ボルドーのジャンという名前の息子をもった夫婦がいた。とっても金持ちで、大きな店をいくつも持ってたんだ。ある日、ボルドーのジャンは旅に出ようと、すごく立派な馬車にのった。

しばらく行くと村があって、二人の娘に畑を耕させている男に出会ったのさ。ジャンは馬をとめて、「どうしてそんな風に娘を働かせているのか」と男にたずねた。

「この娘たちは、あっしが見つけたんでさ」って男は答えた。

「牡牛も雌牛もいないから、こいつらに鋤をひかせて、畑を耕してるんでさ」

「放してやるには、いくら欲しいかね」ってジャンはきいた。

話はまとまって、ジャンはたっぷり金をはらった。ジャンは美しい方の女に印《しるし》を渡してから、二人を父親のもとへ帰してやったのさ。

もっと行くとまた村があって、堆肥の上に捨てられた死人に出会った。ジャンはこれを埋葬させたんだ。すっかり金も品物もなくなったので、家路についた。家に帰ると、両親が金をどう使ったかとたずねた。ジャンは、二人の娘に畑を耕させている男にであって、娘を家にかえすために金をはらったこと、それから堆肥のうえの死人にであい、埋葬のためにも金をはらったことを語ってきかせたのさ。それは、とにかく高くついた。

それから、ジャンはまた旅にでた。品物はもたず、金だけもってね。ある村で、印《しるし》を渡したあの娘にであった。それが、なんと王女さまだったんだ。王女さまは、ジャンが助けてくれたことを王さまに話しておいたから、ジャンを王さまの前につれてったんだ。

「結婚する気はないか」って、王さまがジャンにたずねた。

ところが、そのお城には王女さまを愛してる男がもう一人いたんだ。王女さまはそいつが好きじゃなかったけどね。そいつは、ジャンを憎んで、やっつけてしまおうと思ったんだ。ある日、二人は大きな川のほとりに散歩にいった。

「舟にのろうよ」って裏切り者はさそった。

「いやだ」って、ジャンはいったけど、そいつがしつこく誘うんで、しかたなくのった。ところが、ジャンが舟にのろうとしたとたん、男はジャンを水の中に突き落としたのさ。そして王女さまのところへ行って、ジャンが結婚する気がないから逃げたって言ったんだよ。男は王女さまに自分と結婚しようって言って、そうすればとっても幸せになれるって、信じこませたんだ。王女さまも、しまいには承知して、二人は婚約したんだ。

ある日、水の上で、一羽のカササギがボルドーのジャンにいった。

「王女さまがもうすぐ結婚するよ。私にひとつ約束すれば、あなたを水から出してあげましょ」

「いいとも、この世で一番たいせつな物をなんでも約束するとも」

「あなたを戸口までやさしく運んであげましょ。誰にも気づかれないように、こっそりお入りなさい」って、カササギは答えた。

それから、ジャンはすっかり痩せて衰えて、王女さまのお城のまえに立ったんだ。みんなは、それを乞食と思って、台所で暖めてくれたのさ。

けれども、王女さまはジャンに金の腕輪をわたしてあって、そこにはボルドーのジャンて名前が記《しる》してあった。ジャンはいつでもそれを身につけていた。その腕輪に料理女が気がついたんだ。女は王女さまを見つけてこう言った。

「乞食が台所におりますが、ボルドーのジャンという名前を記した腕輪をもっております」

王女さまがやってきて、ジャンをみつけ、立派な着物をきせたんだ。ジャンはすべてを語った。裏切り者は、ジャンを突き落としたその場所で、溺れ死にさせられた。そして王女さまとボルドーのジャンは結婚したのさ。

二人の間には子どもができた。何年かして、子どもは大きくなった。ところがある晩、扉のところで声がした。

「ボルドーのジャン、寝ているかい」

「いいや」

「起きなさい。私が水から救ってあげた、あの日の約束、覚えてるでしょう」

「覚えてますとも」

「あなたのこの世で一番たいせつな物は、この子です。わたしはそれが、ぜんぶ欲しいとはいいません。あなたの分は半分だけ。あとの残りは奥さんのです。あなたの分だけが欲しいのです」

「子どもを分けるなんて、できません」

「分けなければいけないのです」

そこで、ジャンは子どもを二つに切ろうとひきすえたんだ。

「切らないで、ボルドーのジャン。あなたは堆肥の上の死人を覚えてるでしょう。私がその死人で、カササギなのです。お礼に、あなたを赦してあげましょう」


（ニヴェルネ地方、「ミリアン＝ドラリュ手稿」、語り手・地域・日時の記録なし、AT506A）

解説

辱めを受けていた死者が埋葬してもらった返礼をするモチーフは、ヨーロッパ各地に広く分布し、アンデルセンの「旅の道づれ」にも見られます。フランスでは、十八世紀初頭のゴメス夫人の作品がもとになって民衆本として流布した「カレーのジャン」がよく知られています。カレーもボルドーも商人たちの活躍した港町ですから、この話の舞台としては恰好です。

この話は十九世紀末にミリアンが記録し、ドラリュが整理したものです。王女さまを買い戻すエピソードが大きくクローズアップされていますが、本来は死者の恩返しが中心になる話です。死者がきちんと葬ってもらえずに堆肥の上に捨てられているのは、おそらく借金を払うことができなかったためでしょう。これは肉体の甦りを信じていた当時の人々にとってはたいへん厳しい刑罰のひとつでした。死者の魂が鳥に変身するのも、やはり古い信仰の名残です。

10. そら豆

むかし、とても貧しい夫婦がいたんだ。ある日、亭主がそら豆を一つひろって、女房にこう言った。

「おい、そら豆を一つ見つけたぞ。こいつを庭にまけば、今にたくさんなって、食い物に困らなくなるぞ」

亭主は、地面に埋めて、毎日ながめてた。

ところがそいつは、そこらのそら豆とはちょっと違ってたんだな。どんどん大きくなって、とうとうてっぺんが見えなくなっちまった。

そこで亭主は、こう言った。

「このそら豆を登っていきゃあ、天につけるかもしれないぞ」

そしてよじ登ってくと、ほんとに天についちゃった。そこにあった門をたたくと、聖ペテロが出てきて、戸をあけて、「なんの用かね」って言ったのさ。

「貧しいものですから、なにか食べ物をいただければ、ありがたいんですが」

聖ペテロは気前のいいお方だから、ロバを一頭くれたんだ。

「ほら、このロバはこの世に二つとない代物だよ。お前が『ロバよ、仕事だぞ』っていうと、金貨をひりだすのさ」

亭主は、聖ペテロにお礼をいって、ロバと一緒におりてきた。地上につくと、夜になっていた。とにかくまっ暗だったから、一番ちかい宿屋に泊まらないわけにゃいかなかった。「ロバとあたしに何か食い物を用意してくれないか」

「金さえあれば、なんでも出しますよ」って、宿屋の主人が答えた。
「そいつは心配御無用だ。とにかく、ロバの世話だけはよろしく頼む。それからこいつに『ロバよ、仕事だぞ』なんて言っちゃいけないよ」
男が食べおわって、床につくと、宿屋の主人は女房にこう言った。
「ちょっと一緒に厩《うまや》までおいで。きっと、びっくりすることがあるに違いないよ」

厩につくと、主人はロバに声をかけた。

「ロバよ、仕事だぞ」

たちまち、ロバは金貨をひりだしたのさ。

「どうだ、びっくりしただろう。おれの言ったとおりだ。さあ、この金貨をあつめて、ロバをどこかに移そうじゃないか」

二人は、かわいそうな男のロバを隠して、自分たちのを代わりにつないでおいた。

次の朝早く、男はロバをつれて宿をでたけれど、このすり代えには気がつかなかった。そして、家につくと女房に言ったんだ。

「おい、家中で一番きれいな布をもっておいで。これまで見たこともないような凄いことを見せてやるから」

女房は、家にある一番きれいな布を見つけてきて、男の言うとおり、ロバの尻の下にしいたんだ。すると、男はロバにこう言った。

「ロバよ、仕事だぞ」

たちまちロバは、おおきな糞をして、そいつが女房の大事な布のうえにとびちった。

「甲斐性なし。まったくロクなことをしやしない。あんたのおかげで、最後の財産もなくなっちまったじゃないか」

女房はこう言いながら、男をひっぱたいた。

「とにかく、ペテロさまが金貨をひりだすロバをくれたんだ。ところが、こいつは並のやつと同様、肥やしをひるだけだ。もう一度、天に上ってこよう」

男は、そら豆をよじ登って、天につくと、戸をたたいた。

「また、なんの用かね」

「ペテロさま、あなたはあたしに金貨をひりだすロバを下さったはずですが、そいつが並のと同様、肥やしをひりだすだけでして」

「おまえが、余計なことさえ言わなければ、宿屋でロバを盗まれたり、すり代えられたりすることもなかったのだよ」と聖ペテロが答えた。

「ほら、ここにこの世に二つとない棒がある。お前が『棒よ、仕事だぞ』って言えば、ひとりでにたたき出すんだ」

男は、聖ペテロにお礼をいって、棒をもって下りてきた。地上につくと、夜になっていた。男は、前の晩に泊まった宿屋にいった。

男が、お祭りのロウソクみたいに棒を捧げもって入ってくるのをみると、宿屋の主人は「またカモがころがりこんだぞ」と考えた。そして上等の食事をだして、何本も酒をぬいたのさ。

そうして、さんざん飲んだり食べたりしたあとで、男は主人に言ったんだ。

「この棒をあずけるから、ようく世話をしてくれ。それから、こいつに『棒よ、仕事だぞ』なんて言っちゃあいけないよ」

一人になると、主人は女房に言ったのさ。

「ちょっと、見においで。きっと、びっくりすることがあるに違いないよ」

そして、主人は棒に声をかけたのさ。

「棒よ、仕事だぞ」

たちまち、棒は力いっぱい二人をなぐりはじめた。

「たすけてくれえ。たすけてくれえ」って二人の泥棒はさけんだ。

男がやってきて、気味よさそうにながめてた。

「どうか、棒をとめてくれ」って二人が頼んだ。

「ロバを返すまではだめだよ」

二人はロバを返し、棒はやっととまった。

男は家にかえると女房にいったんだ。

「さあ、こんどこそ、金貨をひりだすロバをつれてきたぞ」

女房がシーツをもってくると、ロバは命令通り金貨をひったのさ。その日から、二人は幸せに暮らしたんだ。


（ロット県のラバテュードで、ランド氏が語る、セイニョル編『ギュイエンヌの民話』所収、AT563）

解説

グリムの「テーブルとロバとこん棒」や北欧に多い「北風のくれたテーブルかけ」の類話です。

これは、セイニョルがロット県で記録した話ですが、庭にまいた一本の豆が天上にとどきます。「ジャックと豆の木」によってよく知られたモチーフです。このモチーフはフランスでことに人気があって、このほかの話にもたくさん見られます。

天を訪れた貧しい男に気前よく宝をめぐんでくれるのは、天国の門を守る聖ペテロです。男が受け取るのは、ふつう「御馳走をだすテーブル」「金貨をひるロバ」「ひとりで叩く棒」の三つですが、この話では最初の一つが省略されています。

男が宝を奪われるのは、いずれの場合も宿屋が多いのですが、それはかつて宿屋が特別な場所と考えられていたせいでしょう。昔語りの世界には「盗賊や人食い鬼のひそむ宿」や「泊まったら二度と出られぬ宿」などさまざまの怖い宿が登場します。

貧しい男が、そら豆をたった一つ拾い、それを庭にまく冒頭のエピソードは、日本の「豆こ話」の語り初めともよく似ています。

11. 三つの贈物

むかし、母さんをなくしたちびっ子がいた。父さんが二人めの母さんをもらったんだが、まま母さんは、ひどい女で、かびたパンのみみしか、食い物をくれなかった。だから、畑にいった時には、そいつを泉の水にひたしてから、食ってたんだ。

ある日、いつものように泉のそばでかがみ込んでると、一人の乞食が通りかかって、聞いたんだ。

「若い衆、そこで何してるのかね」

「まま母さんのくれた、かびたパンのみみを泉にひたしてるのさ。食い物が、これしかないからね。」

「一つ、二つくれないかね、若い衆」

ちびっ子が、パンのみみを少し分けてやると、乞食はそいつを食ってから、言ったんだ。「お前さんは、いいことをしたから、お礼に三つの願いをかなえてやろう。何がいいかね」

ちびっ子は、頭をかきかき、こう言った。

「ぼくが、まま母さんを見るたびに、母さんがおならをして、靴の上までウンコをもらしちまうように」

乞食がだまってたから、ちびっ子はまたこう言った。

「それから、鳥を撃つちいさなピストルがほしいな。ぼくが撃つところを見た人は、どうしても、弾《たま》のあとを追いかけたくなるような」

乞食は、ポケットから小さなピストルを一つだすと、ちびっ子にわたして、言った。「それから、三つめの願いは何かね」

「クラリネットだね。ぼくがそいつを吹いているのを見たり聞いたりすると、みんな踊り出さずにはいられないようなやつだね」

乞食は、クラリネットをくれると、姿をけした。

ちびっ子は、家にかえった。まま母さんは、ちょうど厩で牛をつないでるとこだった。ちびっ子が、そこに行って一目みると、母さんはおならをして、「股引」ってつまり昔の靴下を、汚しちまった。ちびっ子が母さんを見るたびに、同じことが起こるんだ。

次の日、母さんは結婚式に招待された。母さんはそこで、父さんにちびっ子を物置に閉じ込めとくように言ったんだ。なぜって、ちびっ子がまた面倒をおこすと困るからね。昼ごろ、父さんが扉を開いて、ちびっ子に言ったのさ。

「母さんが、何してるか見ておいで」

母さんは、ちょうどテーブルについていた。二人の立派な紳士の間にはさまれてね。ちびっ子が、窓からまま母さんを一目見ると、たちまちおならが出て、股引が汚れちまった。みんな鼻をつまんだけど、間に合わない。紳士たちは、召使に言いつけて、この汚い女を外につまみ出した。

ちびっ子は、急いで物置に引き返したさ。まま母さんは家にかえって、ちびっ子がちゃんとそこにいるかどうか確かめたけど、ちっとも外に出た気配はない。

「きっと、魔法があるにちがいない」って思って、次の日、朝早く教会にいって、修道院長さんに会うと、これまでのことを話したんだ。

「私がいって、お子さんの魔法を白状させてやりましょう」って司祭さんは言ったのさ。それで、泉のある畑にやってきて、ちびっ子がパンのみみを水に浸してるのに出会った。「何をしてるのかね」って、司祭さんは聞いた。

「まま母さんのくれた、かびたパンのみみを水に浸してるんです」

「魔法を使うって噂があるが……」

「とんでもありませんよ、修道院長さま」

「本当のことを言えば、次の日曜日にありがたい絵をあげよう」

「いいえ、絵なんかどうでもいいんです。でも、院長さんがすっ裸になってくれたら、なんでも話しましょ」

院長さんは法衣《スータン》とズボンを脱いで、ズボン下とシャツだけになったけど、ちびっ子は全部ぬげって、聞かないんだ。院長さんは、あたりに誰もいないのを見定めてから、残りの下着をぬいだ。

　すると、ちびっ子は茨の繁みにむかってピストルを撃ったからたまらない。修道院長さんは、弾のあとをおって駆け出した。そして院長さんが繁みのまん中に来たとき、ちびっ子がクラリネットを吹いたのさ。院長さんは、踊らないわけにゃいかない。茨のとげで傷だらけになって、転げながら、

「魔法を使ったな、魔法使いめ。捕まえてやるぞ、きっとだぞ」って叫んだんだ。

　しまいには、ちびっ子も飽きちゃって、すり傷だらけで血まみれの院長さんも、着物をきて帰った。院長さんは、裁判所にいって、自分の出っくわした首吊りものの事件を訴えた。ちびっ子は裁判官のまえにひっ立てられて、死刑を言い渡された。そして、いよいよ死刑っていう時に、なんか望みはないかって裁判官が尋ねたんだ。

「はい、私は池のほとりに行って、ピストルを一発うち、クラリネットが吹きたいと思います」

　この望みは、かなえられた。でも院長さんだけは、

「それは、魔法だぞ。私を縛りつけてくれ、縛りつけてくれ」って叫んだんだ。

　みんなは、

「かわいそうに。院長さんは気がちがっちまった」と言ったけど、とにかく縛ってやったんだ。

　傍聴席にいた人たちはみんな、憲兵ふたりに連れられたちびっ子と一緒に、池のほとりに行ったのさ。池につくとすぐに、ちびっ子はピストルを一発うった。すると、たちまちみんな、弾を

さがしに池の中へとびこんだ。そこで、ちびっ子はクラリネットを一吹き。水の中の連中は踊り出して、しまいにゃ、みんな溺れ死んじまった。

ちびっ子は、それから院長さんの縄をほどいてやって、そして二人で愉快に引き上げていったのさ。

（一八七九年一二月、イル＝エ＝ヴィレーヌ県のエルセ村に住むフランソワーズ・デュモンが語る。セビオ編『高ブルターニュの口承文芸』所収、ＡＴ５９２）

「茨の中のユダヤ人」挿絵（1862）

解説

よく知られた「うかれヴァイオリン」の類話です。この話の主人公は継子で、かびたパンのみみしか食べさせてもらえないのですから、初めはいかにも悲惨です。ところが話が進行するに従って、実はなかなかのいたずら者であることが判明します。

まず最初にやりだまになる継母は、きわめてスカトロジックな復讐をうけます。次に犠牲になる修道院長（司祭）は茨の繁みで踊らされます。これはグリムの「茨の中のユダヤ人」と同じエピソードです。最後には傍聴人たちが全員殺されますが、いたずらっ子が犠牲者の仲間のはずの修道院長と愉快に引き上げていく結末は不条理そのもので、典型的なトリックスター譚の形をとっています。宴会や裁判などで、ときにピストルやクラリネットの音にのって繰り返される主人公の悪戯は、カーニヴァルやシャリヴァリ（大騒ぎ）などのドタバタ騒ぎを思わせます。

楽器がふしぎな力をあらわす昔語りには、ほかに「歌う骨」や「生きているカンテレ」などがありますが、一番よく知られているのは「ハーメルンの笛吹き男」の伝説でしょう。

12. ジャンの馬鹿

むかし、すごく馬鹿な若者がいて、あんまり馬鹿なもんだから、みんなが「ジャンの馬鹿」って呼んでた。まったく、この仇名がぴったりだったんだ。

ある日、おっ母さんがこう言った。

「ジャンや、ガレットを焼いてやるから、森へいって薪をひろってきとくれ」

「あいよ、母さん」って、ジャンは答えた。とても気がよかったからね。

そうして、いそいで頼まれたもんを拾いにいった。帰り道に、ちょっと疲れたから小川のほとりでひと休みしたんだ。体は大人だが、まだ子どもだから、水あそびを始めたんだな。

するとジャンの足にはね飛ばされた小さなウナギが岩の間にすべり込んだのを見つけたんだ。

ジャンはすぐそいつを追っかけた。そうしてさんざん苦労して、捕まえてポケットにつっ込んでから、大喜びで飛び跳ねながら、

「さあ、お前を御馳走にしてやるぞ」って言ったんだ。

かわいそうな小さなウナギは、そいつを聞くと叫んだ。

「ジャン、あんたが意地悪じゃないってことは、みんな知ってるわ。どうか放してちょうだい、きっと後悔しないから。あたしは妖精なのよ。あんたが何かほしくなるたびに、あたしの名前を呼んで頼めば、望みがかなえられるのよ」

「そいつはいい」ってジャンは答えて、ウナギを小川にかえしてやったんだ。

それから、ウナギを追っかけて時間をつぶしすぎたので、おっ母さんに怒られるんじゃないかと気がついて、ちょっと考えてから、大まじめにこう言った。

おれのウナギの思いのとおり
薪に乗って飛ぶように

ジャンが願いをかけるやいなや、薪に乗ってすごい高さを飛んで、国中ずっと遠くまで見渡すことができた。そして、森へいくときに通った町の上までくると、ジャンは一つの声を聞いた。

「あれを見て、ジャンの馬鹿よ」

たちまち、みんなその指差すほうに目を向けたんだ。声は、王さまの娘だった。ジャンは王女に気がつくと、そっとつぶやいた。

おれのウナギの力のとおり
王さまの娘のおなかの中に
おれの子どもができるように

そうして、おどろく連中を後目《しりめ》に、ジャンは空中飛行をつづけたんだ。家に帰ると、おっ母さんはジャンを待たずに、ガレットを焼きおえてた。おっ母さんは、「この怠け者っ」と叱ったけれど、ジャンはどこ吹く風でこう叫んだ。

おれのウナギの力のとおり
りんご酒ひと罎
じゃがいものミルク煮ひと椀でてこい

そして、みんながびっくりするうちに、ジャンの願いはかなえられたんだ。

＊

さて一年たった。ある日ジャンが町に遊びにいって、ひがな一日ポケットに手をつっこんで、口をあけて、通りの店を眺めていると、急にトランペットがなって、こう告げるのを聞いたんだ。王さまの娘が三月まえにりっぱな男の子を生んだけど、父親のこころ当たりがない。洗礼にやってきた妖精が子どもにバラを一本やったそうだ。その父親がやってくれれば、子どもがそのバラを渡すんだって。

王さまは、国中の若者がこの子の前に出頭するようにって命令を出したんだ。そこで父親だってことが分かれば、王女さまと結婚するんだって。

「おれも行ってみようか」ってジャンの馬鹿は言って、王さまの命令で宮殿へやってきた紳士方の行列についてった。

番兵たちは、でっかい木靴をはいたジャンを追い出そうとしたけれども、ジャンが大騒ぎをしたんで、王さまが何ごとかってんで見にきたんだ。それで、その馬鹿をみると、笑いながら言ったんだ。

「その男も王女に会わせてやれ」

ジャンの馬鹿が部屋に入るやいなや、子どもはバラの花を差し出したんだ。みんな、びっくりしちゃって、王さまはこんな聟をもったことにもの凄く腹をたてた。けれども、約束は約束だ。すぐに結婚式をすまして、そのあとで好きなように復讐してやろうってことになった。

そして式がすむとすぐに、王さまは、かたっ方の口のあいた樽を持ってこさせて、結婚した二人を詰め込んで、なん日分かの食い物をあてがって、海に捨てさせたんだ。

ジャンの馬鹿と女房は、がっかりしちまった。王女さまの方はことにひどくて、泣いてばっかりいた。

何日かたつと、食い物がなくなったけど、ジャンはすぐにこう繰り返した。

おれのウナギの力のとおり
りんご酒ひと罎
じゃがいものミルク煮ひと椀でてこい

王女さまはりんご酒やら、ミルクで煮たじゃがいもの椀やらが出てくるのを見て、たまげちまった。もちろんこんな料理は口に合わなかったけど、食べないわけにゃいかなかった。

その次の朝、王女さまは亭主がもう一度じゃがいものミルク煮を頼むのをみて、言った。「好きなものが手に入るなら、焼き肉とぶどう酒と白いパンを頼んでくれないかしら。その方がきのう食べた田舎料理よりきっといいわよ」

ジャンはその通りにして、欲しいものを欲しいだけ食べたんだ。

それからまた王女さまは、ジャンにもっと賢くなれるように願ってみたら、と勧めてみた。ジャンが願うと、たちまち昔の馬鹿の程度をこえるほどすごく賢くなったのさ。そうして、ウナギになにを頼めばいいか、すっかり分かったんで、こんな願いをかけたんだ。

＊

　おれのウナギの力のとおり
　王さまの宮殿の前に宮殿を建てて
　女房と一緒にすぐ移してくれ
　王さまのよりずっと立派なやつに

　次の朝、王さまが目をさますと、一晩ででき上がった宮殿のたまげた話を聞かされた。お隣さんを見てやろうと、窓辺によったが、その日も、次の日も、くる日もくる日も、人っ子ひとり見あたらない。

　とても不思議に思って、宴会をひらいて、あんなに凄い屋敷の持ち主を招待してやろうと考えた。

　ジャンと女房が、招待されてやってくると、王さまはそれと分かって、どうしてあのジャンの馬鹿と呼ばれていた聟が、利口で、もの知りで、金持ちになったのかと尋ねたんだ。

　ジャンが自分の冒険談を語ると、王さまはジャンが空の上からやった悪戯を赦してくれた。

　その日から、みんなの幸せは曇ることがなかった。お爺さんは、若いふたりが年ごとに王国の人口をふやしていくので、ことのほか上機嫌だったんだ。

（高ブルターニュ地方、イル＝エ＝ヴィレーヌ県のサン・テュアルで二十二歳のジュール・マルシャンが語る。オラン編『イル＝エ＝ヴィレーヌの民話』一九〇一年所収、ＡＴ６７５）

解説

主人公が怠け者でみんなから馬鹿にされながら、不思議な魚の援助によって幸せをつかむ話です。

十九世紀ロシアのすぐれた民話研究者アファナーシエフの記録した「かますの言いつけ」や「エメーリアの馬鹿」と同じタイプの話ですが、すでにイタリアのストラパロラやバジーレの集めた話のなかにも見られます。

主人公が呪文の力で王女に男の子を生ませるエピソードは、いかにも陽気で色好みのイタリア起源の印象を与えますし、すばらしい宮殿を一夜で建てて王さまを驚かすエピソードは『千一夜物語』でもよく知られています。きっとヨーロッパの文化とアラブの文化の結び合う南欧で生まれた話が、北に伝播していったのでしょう。

この話の主人公は、フランスではおなじみの気のいい馬鹿息子ですが、魚の援助によって最後には立派な若者に変身します。これにたいして、同じ「ジャンの馬鹿」でも笑い話の主人公は最後まで愚行を繰り返し、笑いをまき散らします。ロシアのイワン、ドイツのハンス、イギリスのジャックにも共通の、典型的な昔語りの主人公の性格のひとつです。

14. アンジュリーナ

むかしのことだが、その頃、一人の女と娘がいたんだ。旦那さんは死んじまって、娘が美人だった。とびきりの美人さね。だけど母親は、それをもう見るのもいやになった。それで、山賊のところへいって、こういったんだ。

「さらって欲しい女がいるんだ。あたしの娘を森につれてって殺しとくれ。アンジュリーナをさらって、森で殺して欲しいのさ」

「アンジュリーナを殺すなんて、どうしたんだい。あんなに優しい娘なのにさ」

「とにかく顔も見たくないのさ。いやで、いやでたまらないんだよ。連れ出して、殺しとくれ」

そこで、山賊たちはアンジュリーナをさらって行ったんだが、殺さないで自分たちの隠れ家につれてったんだ。それに、その家はりっぱな家で、なんでも揃ってたのさ。森のなかのすてきな家だった。

山賊たちは、昼間は仕事にでかけ、夕方には帰ってくる。山賊の親分はアンジュリーナにいったんだ。

「よくお聞き、アンジュリーナ、誰が来てもなかに入れてはいけないよ。けして扉をあけてはいけないよ」

ところが、この娘はやさしすぎた。アンジュリーナの村に、わるい魔女がすんでて、そいつがアンジュリーナの母親のとこへ行って、いいつけたんだ。

「お前さんの娘は死んじゃいないよ。知ってるかい」

そしたら、母親はなんて答えたと思う。

「殺しておくれ。あんたが、殺しておくれ」

そこで、魔女はお婆さんに姿をかえて、お店にいってレースとリボンを買ったのさ。それから、アンジュリーナのいる家の扉をたたいた。娘は、窓から顔をだしたけど、扉をあけようとはしない。

「だめよ、あけることはできないわ」っていたんだ。
「まあ、下りておいでよ、お嬢さん。寒くてたまらないのさ。ちょっと暖まらせておくれよ。すぐに出ていくからさ」
そこで、アンジュリーナは下りていって、扉をあけた。魔女は、入ってきて、階段を上ったのさ。そして、あついコーヒーを出してやると、こういったんだ。
「あんたは、やさしいねえ。お礼になにが欲しいかね」

「まあ、なんにもいらないわ」

「本かい」

「いいえ、いいえ、ほしい本なら何でもあるわ。だいじょうぶよ」

すると、魔女のお婆さんは答えた。

「でも、こんな本はもってないだろう」

そうして、暖炉の上に一冊の本をおいた。でも、アンジュリーナはそれに手をふれなかった。

夕方、山賊たちが帰ってくると、親分がいったんだ。

「ああ、お前は扉をあけたんだね。もしお前がこの本にさわっていたら大変だった。この本をその焼き串でとって、火のなかに入れて、燃やしてごらん」

火のなかに入れると、本は叫び声をあげたのさ。それは、魔法つかいの仕業だった。そして、山賊の親分はアンジュリーナにいった。

「もう誰がきても、なかに入れてはいけないよ。誰にも扉を開いてはいけないよ」

それからまた、昼の間は、山賊たちは仕事にでかけた。魔女は、アンジュリーナが死んでいないのを知ると、ブローチやイヤリングやブレスレットや鎖を買って、もう一度姿をかえたのさ。どうしてかっていうと、アンジュリーナは魔女と同じ村にすんでたから、よく知ってたんだよ。

それから、魔女は森の家の扉をたたいた。

娘は、窓から顔をだして、こういった。

「だめよ、扉はあけないわ。誰が来ても、だめなのよ」

「下りておいで、お嬢さん、下りてきて扉をあけておくれ。寒くて、死にそうなんだよ」

そこでアンジュリーナは、下りていって、扉をあけた。そして、その女をなかに入れてやったのさ。そして、またコーヒーを出してやった。（娘は、それが魔女だなんて思わなかったんだ）

するとと、魔女がいったんだ。

「お礼になにを上げようかね」

「なんにもいらないわ。必要なものはなんでもあるの。だいじょうぶよ」って、アンジュリーナが答えた。

そしたら、魔女はどうしたと思う。

「それじゃあ、この椅子におすわりよ。あんたの髪を結ってやるからさ」

そこで、アンジュリーナは腰掛けて、髪を結ってもらったんだ。魔女は、髪を一ふさずつとると、巻いて、巻いて、巻き込んだのさ。すると、アンジュリーナは魔法のせいで動けなくなって、目を開いたまんま、口がきけなくなっちまったんだ。魔法にかかっちゃったんだよ。魔女は、逃げていっちまった。

夕方、山賊たちが帰ってみると、このありさまだ。アンジュリーナが、ピクリとも動かない。目を開いたまんま、口もきかない。山賊たちはみんな、泣き出した。

次の朝、みんなは森の入り口までいって、アンジュリーナのために祭壇を作ったんだ。椅子に座ったまんまのアンジュリーナをはこんできて、森の祭壇の上においた。それから花とロウソクをかざって、毎朝、祭壇の火をつけにいったんだ。

ある日、王さまの息子が、若者が、通りかかった。召使をひとりつれて二輪馬車にのってね。遠くから、この火をみつけて、馬をとめて召使にいったんだ。

「笛をひとつ吹くから、ここにいてそれが聞こえたら、わたしのところへ来るんだ。すぐにだぞ」

それから、王さまの息子は祭壇に近づいて、アンジュリーナを見ると話しかけた。

「お嬢さん、お嬢さん」

ところが、娘は答えない。目を開いたまんまだ。生きてるみたいなのに、話をしない。そこで、王さまの息子は笛をふいて召使をよんだのさ。召使はすぐにやってきた。

「さあ、この娘さんをつれていって、馬車にのせるんだ。動かないから、わたしの部屋に運んでおきなさい。この鍵で、部屋の扉をしめて、誰にも見られないようにするんだよ。わたしも急いであとから行くから」

召使は、二輪馬車にのって、娘をつれて出発した。そして娘を部屋に運びこむと、誰にも見られないように扉をしめたんだ。しばらくして、王さまの息子が帰ってきた。その時から、王さまの息子は、ほとんど何も食べない、酒場にもどこにもいかない。妹がかたづけに、部屋に入ることさえさせなくなったのさ。

ある日、妹が部屋にやってきて、扉はしまってたけど、娘を見つけちまったんだ。そして兄さんにいったのさ。

「おや、おや、部屋のかたづけに、あたしを入れないのはこのせいね。見ちゃったわよ」

そこで、王さまの息子は妹を部屋にいれた。でも、いくら話しかけても娘は口をきかないんだ。それで、妹は娘の髪にさわってみて、こういった。

「まあ、この髪を見てごらんなさいよ。なんて、こんがらがっているのかしら」

それから、すぐに鍛治屋をよんできて、鉄てこをもってこさせて、娘の髪をほどいたってわけさ。とにかく、こんがらがって、こんがらがって、いたからね。そしたら、アンジュリーナは口をきいたんだ。生き返ったんだよ、前みたいに。

王さまの息子は、アンジュリーナと結婚して、町中みんなを招待して大宴会をひらいたのさ。


（コルシカ地方、一九五九年四月に、エベルタッチェにすむカミーリ夫人六十四歳が語る。コルシカ方言語り。カミーリ夫人は、この話を、ピエトラの羊飼いであった父のフランソワ・チェザーリから聞く。マシニョン編『コルシカの民話』一九六三年所収、ＡＴ７０９）

解説

戦後世代のすぐれた民話研究者ジュヌヴィエーヴ・マシニョンの記録です。彼女は、ポール・ドラリュの指導のもとに、すでに語りが滅びてしまったと信じられていたフランス各地で精力的な民話の記録につとめました。

これは「白雪姫」の話ですが、雪のないコルシカのことですから、かなりグリムの話とは違います。娘を殺そうとするのは実母で、これはグリムが初版に収めた話とおなじです。グリムはその後この残酷なモチーフを継母の仕業に改めてしまいました。

ドイツではおなじみの小人も、残念ながら登場しません。かわって登場するのは山賊です。山賊というとたいへん怖いイメージがありますが、その点では実は小人も同じです。小人がおそろしい復讐や意地悪をする話はとてもたくさんあります。山賊も小人も、ともに森（＝他界）の住人ですから、人には何をするかわからないのです。

この話では母親にかわって魔女がさまざまの悪さをしますが、こういう不思議な力をもった女性はかつて村には一人くらいはいて、民間医療や産婆術などに通じていて、人々の役にたっていました。その特別な能力がときには魔女として怖れられ、語りの世界ではネガティヴなイメージを生んだのでしょう。

15．半分ニワトリ

むかし、半分ニワトリが堆肥の山をひっかいてるうちに、金貨のいっぱい詰まった財布を見つ

けたのさ。ところがちょうどその時、お金のすっかりなくなっちゃった王さまが通りかかって、
半分ニワトリに言ったんだ。

「お前の財布をかしてくれないか」

「結構ですとも。ただし、利子さえ払ってくれりゃあね」って半分ニワトリが答えた。

王さまは、こうして財布を持ってったんだが、いつまで待っても音沙汰なしさ。そこである朝、
半分ニワトリはいったんだ。

「こいつは、借金を取り返してこなくちゃいけないぞ」

歩きはじめて、少しいくと、狼の親方にあったんだ。

「どこへ行くんだね、半分ニワトリ」

「王さまのところへさ。百エキュの貸しがあるんだ」

「いっしょに連れてってくれないか」

「いいとも、おれの頸にのっかりな」

ところが、もう少しいくと、今度は狐にあったんだ。

「どこへ行くんだね、半分ニワトリ」

「王さまのところへさ。百エキュの貸しがあるんだ」

「いっしょに連れてってくれないか」

「いいとも、おれの頸にのっかりな。狼の親方の横っ

ちょだよ」

ところがまた、あと一息ってところで、今度は川につかまった。

「どこへ行くんだね、半分ニワトリ」

「王さまのところへさ。百エキュの貸しがあるんだ」

「いっしょに連れてってくれないか」

「もう場所がないんだ」

「そんなら、とっても小さく、小さくなるからさ」

「それじゃあ、おれの頸にのっかりな。狼の親方と狐の大将の間でおとなしくしてるんだぞ」

四人は、こうして王さまのお城についたんだ。

「トン、トン、あけてください」

「だれだい」

「わたしです。半分ニワトリです。わたしのお金と利子をもらいにきました」

王さまは中に入れてくれたけど、歓迎したり、お金を返して利子を支払ったりするどころか、ニワトリ小屋へ押し込んだんだ。

「ああ、こんな仕打ちをするんなら、狐の大将、おりといで」って、おこった半分ニワトリは言ったんだ。

狐は、半分ニワトリの頸から下りると、小屋のニワトリをぜんぶ食っちまった。

そこで、王さまは半分ニワトリを、今度は羊小屋へと押し込んだ。

「ああ、こんな仕打ちをするんなら、狼の親方、おりといで」

狼は、半分ニワトリの頸から下りると、小屋の羊をぜんぶ噛み殺しちまったんだ。

これを見た王さまは、半分ニワトリをつかまえると、窯のなかへ放り込んで、どんどん火を燃やしたのさ。

「ああ、こんな仕打ちをするんなら、川よ、おりといで」

川は、半分ニワトリの頸から下りると、あっという間に王さまの宮殿をのみ込んじゃって、今ではすっかりあとかたなしさ。


（アルデンヌ県のサイイで記録。メイラック編『アルデンヌの伝承・習俗・伝説・民話』一八九〇年所収、ＡＴ７１５）

解説

「半分ニワトリ」はフランスで最もよく知られた話のひとつです。半分ニワトリ、狼、狐、川などの動物とその仲間が王さまをやっつける話ですから、「ブレーメンの音楽隊」のような動物民話と考えてもよいのですが、トンプソンは『民話の型』のなかでこれを魔法民話として分類しています。それは、この話の類話のなかに「遺産として一羽のニワトリを残された二人兄弟が、それを二つに切りわけ、一人がその半分を妖精に頼んで不思議な〈半分ニワトリ〉にしてもらう」という魔法に関するエピソードがあるためでしょう。

しかし実際には、ここにあげたアルデンヌの話のように、ニワトリがなぜ半分ニワトリなのか説明がなく、しかもニワトリが援助者というより主人公として活躍する話のほうが多いようです。

ニワトリが半分になってしまう理由は、ほかにも「残りの半分を食べられてしまったから」とか、「こわれた卵から生まれたから」とかいくつかあります。しかし、いずれにせよ「半分であること」はハンディキャップではなく、超自然的主人公の力をしめす徴《しるし》のひとつなのでしょう。

16. ちいさなオンドリ

むかし、シャトールーの森の近くのブレンヌの小屋に、樵が棲んでて、最初の結婚で生まれた男の子と、二度めの結婚で出来た女の子がいたんだ。とにかく、二度めの女房は意地がわるくて、亭主の連れ子を嫌ってたのさ。

ある日その女は、子どもたちを雑木林に薪ひろいにやって、こう言った。

「長持ちの中においしいチーズのガレットを二つ作って置いとくから、手っとり早く働いて、最初に帰ってきた方が、大きいのをお取り」

子どもたちは森について、男の子は、自分の方が力があるのに、女の子のほうが仕事が早いのを見ると、女の子に跳びかかって、縄で木の幹に縛っちまって、仕事を遅らせたわけだ。それで、自分は薪を集めて、家に帰ったんだ。

まま母は、男の子がひとりで戻ってきたのを見ると、妹はどうしたかって聞いたんだ。「まだ仕事が終わらないから、待ちきれなかったんだよ、ほんとに」って答えると、

「お前が最初に帰ってきたんだから、長持ちを覗いて、大きいほうのガレットをおとり」って言ったんだ。

まま母が長持ちをあけると、子どもはそこへ頭をつっこんだ。すると、その性悪女は蓋をばたんと閉めたから、かわいそうな子どもの頭は、箱のなかの空の皿のなかへ転がりこんだ。女はその頭をひろって、血を抜いて壺におさめた後でブツ切りにした残りの体といっしょに、その肉を深鍋《ふかなべ》に入れて、炉にかけて煮込んだのさ。

妹が帰ってきて、兄さんのことを尋ねると、女は言ったのさ。

「たぶん、まだ森にいるんだろ。フォークで鍋の肉をつっついてごらん。年とったオンドリが入ってるから、煮えたかどうか見ておくれ」

娘は、言う通りにした。すると、声が聞こえたのさ。

「おや、とんでもない妹だ。ぼくをつつくなんて」

「母さん、鍋のなかで声がするわ」って、びっくりした妹はさけんだ。

「なんでもないよ、お前は夢をみてるんだ。フォークをこっちによこして、外にお行き」性悪女がそう言って、こんどは自分でつっつくと、

「おや、いじわる母さん、あんたはぼくを殺したね」

けれども、まま母は鍋の中味を皿にあけて、頭をきざんでから、娘を呼んだ。

「この年とったオンドリを、父さんのとこへ持ってお行き。きっとお腹をすかしてるから」

「母さん、出かける前に、飲むものちょうだい。喉がかわいたの」って、娘がいった。

「壺のなかのぶどう酒をお飲み、ひと息に飲んでしまうんだよ」

娘が、中味をコップに注ぐと、流れる血がこう言った。

「ああ、とんでもない小娘だ。兄さんの血を飲むのは止めとくれ」

娘は、飲まずに、父さんの弁当をもって、とどけに出かけたのさ。すると、途中で、森の乙女に会ったんだ。親切な妖精で、樫の大木を守ってるんだが、娘にどこへ行くのかって聞いたのさ。

「父さんに、食べ物をとどけに行くんです」

「いったい、何をもっていくの」

「年とったオンドリです」

「見せてごらん」

そこで、娘がもってるものを見せると、妖精は言ったんだ。

「わたしの言うことをよくお聞き。父さんが骨を捨てたら、ぜんぶ拾って、あそこの小道のそばの小さなサンザシの根元に埋めなさい。そしてこう言うんです。『サンザシさんの小さな棘にきれいな花が咲きますように』ってね。そして毎日そこを通るたびに、ようく気をつけているんだよ」

娘は歩きつづけて、父さんのとこへ行って、そのおそろしい食事をわたしたのさ。父さんはそれを食べて、遠くに骨をなげるたびに、娘はそれを拾いにいって、水のいっぱい流れる谷まで下りたけど、不思議なことに濡れなかった。それから、あの妖精さまの教えてくれたとおりに、それをサンザシの根元に埋めたのさ。

そうして、それから何日も、このおそろしい食事の続く間、娘は骨をサンザシの根元に持ってって、見守っていた。すると、そのうち地面から腕が一本、手がひとつ、脚が一本はえてきて、骨を持っていくたびに、兄さんの体があちこち生えそろったんだ。そうして、体が出そろうと、ある晩みんなが寝しずまった頃、それは小さなオンドリにかわって、ちょうど上《のぼ》った月にむかって唄ったのさ。

コッコ・リ・ヨー
母さんがぼくを殺し
父さんがぼくを食べ

　妹がぼくを助けてくれた

ママ母がそれに気づいて、こう言った。

「こんな時間に唄っているのは、誰だろう。あんたちょっと見てきてくれないかい」

父さんがおもてにでてみると、頭の上から狼の毛皮の帽子がおちてきた。まったくびっくりしたけど、きっと夢でも見てるんだろうと、家に眠りに帰った。つまり、あの夢遊病ってやつだと思ったのさ。

するとまた小さなオンドリが唄った。

　コッコ・リ・ヨー
母さんがぼくを殺し
父さんがぼくを食べ
妹がぼくを助けてくれた

「今度は、お前が見ておいで」って、父さんが娘に言った。

娘が言う通りにすると、金貨のいっぱい詰まった財布が、ちょうど足下の敷居のところに落ちてきたんだ。

そして、三度めに、また小さな雄鶏が唄った。

コッコ・リ・ヨー
母さんがぼくを殺し
父さんがぼくを食べ
妹がぼくを助けてくれた

「お前も出てみろ。きっと、なにか授かるかもしれないぞ」

樵にそう言われて、性悪女がそとに出てみると、頭の上に大きな石がおちてきて、たちまちぶち殺されてしまったとさ。

はなしは、これっきり

（ベリー地方、記録者モーリス・サンド、一八八八年刊の「ＲＴＰ」誌所収、ＡＴ７２０）

解説

グリムの「ねずの木」の類話です。バラッドとして人々に愛され、ゲーテの『ファウスト』でもマルガレーテが歌っています。

殺された子どもがサンザシの根元に埋められて、蘇生し、鳥に転生して復讐をとげるこの話には、多くの古い信仰や民俗が残されているように思われます。ことに妹に兄を助ける方法を教える森の乙女は、森の樫の大木をまもっているのですが、これはキリスト教以前の信仰（ドイルド教）の名残でしょう。妹が兄の骨を残らず拾い集めるのも、ドイルドたちの蘇りの大切な条件なのだと思います。継母が子どもを調理するやり方も実に手がこんでいて、実際に土地の人たちが肉を捌《さば》く料理法がそのまま生かされています。

この話の語りは、冒頭で場所が特定されるなど伝説的で、鳥に生まれ変わった子どもがその後どうなったかは明らかにしません。けれども、グリムの話の場合には、もう一度人間にかえって幸せに暮らします。

この話を記録したモーリス・サンドは、ジョルジュ・サンドの息子で、サンドはこの息子のために『フランス田園伝説集』を書いています。

Ⅲ　宗教的民話とノヴェッラ

1.　洗濯

むかし、イエスさまと聖ペテロが貧しい者たちのところへ宿を借りにやってきた時に、なさった事だよ。

次の朝、宿をたつとき、イエスさまがその日の仕事をきいたのさ。家の者たちは、「ちょっと洗濯をしなくちゃいけない」って答えたんだよ。そしたら、イエスさまがこういったんだ。

「朝はじめた仕事が、夕方までつづくように」

「夕方までなんて、とんでもありませんや。ほんの少し布きれがあるだけですから」

それでも、イエスさまはもう一度繰り返したのさ。

「わたしの言葉通りになるように」

そう言うと、二人はいってしまった。

そこで、心のよい人たちは洗濯を始めたんだ。そしたら、ひっぱると布がどんどん出てきて、ひっぱって、ひっぱって、夕方まで仕事がつづいたんだ。そして夕方になると、布がまるで山のようになって、いったいそれを何処にしまったらいいか分からないほどだった。

この貧しい連中におこったことを知ると、隣のいじ悪なけちんぼが、イエスさまと聖ペテロに泊まりにきてほしいって言ったんだ。やさしいイエスさまは、頼まれた通りにしてやった。その次の朝、前の日にあの家で言ったように、イエスさまは尋ねたんだ。

天国の鍵を持つペテロ

「今日は、なにをしなけりゃいけないのかね」

「いや、わが主よ、お金をちょいと数えなきゃなりません」

するとすぐに、イエスさまがいったんだ。

「朝はじめた仕事が、夕方までつづくように」

「ああ、わが主よ、わたしどものわずかのお金で、夕方までなんてとんでもありません」そう言うと、イエスさまはもう一度繰り返したんだ。

「わたしの言葉どおりになるように」

それだけ言うと、二人はいってしまった。するといじ悪どもは、もうウキウキしちゃって、いったいどれほどの金や銀が夕方までに手に入ることやら……。

仕事を始めるまえに、これから一時だって無駄にしないように、まずお勤めを果たしてからってわけで、便所にいったのさ。そしたら、もう出ることができなくって、夕方までそこにいたってことさ。

（バスク地方、バルビエ編『バスク地方の伝説』一九三一年所収、ＡＴ７５０Ａ）

2．神さまと牛飼い

ある日、神さまが貧しいなりをして、ずた袋と杖をもって山に入っていったのさ。そして、神さまとマリアさまにお恵みをって、歩いてまわったんだ。だけど、どこでも何もくれず、ののしって、犬をけしかけたんだ。日暮れになっても、神さまはまだなんにも食べてなかった。そして、貧乏な牛飼いの小屋の戸のまえに立った。

「牛飼いよ、わたしは疲れてる。今日はなんにも食べてないんだ。夕食をつくって、今晩ここに

泊めてくれないか。神さまとマリアさまにかけて、お願いだ」

「お入りよ、かわいそうに。なにか作ってやろうじゃないか」

　神さまは、小屋にはいって腰かけたのさ。そしたら牛飼いは、牛を屠《ほふ》って料理したんだ。夕食のあと、神さまは殺された牛の骨をひとつとっていったんだ。

「牛飼いよ、お前の牛のほかの骨をぜんぶ集めて、そとの小屋の戸のまえに並べなさい」牛飼いは、いわれた通りにした。そしてそれがすむと、自分の寝床を半分わけてやって、神さまのよこで眠ったんだ。

　夜が明けて、牛飼いが起き上がると、昨日の晩、乞食と一緒に食べたはずの牛が、小屋のまえで草をくってたんだ。首に鐘をつけてね。その鐘の舌には、神さまが昨日とっておいた骨がついていたのさ。

　小屋の隣の部落は、いじわるな連中を罰するために、すっかり水の中に沈んでた。いまじゃあ、そこに湖がひとつあるよ。


（高ピレネー地方、カンパンの谷の生まれのニーヌから聞く。ブラデ編『ガスコーニュの民話』一八八六年所収、ＡＴ７５０Ｂ）

解説

ヨーロッパの各地には、キリストがペテロやヨハネなどの弟子を連れて、教えを説き、施しや奇跡を行なった話が伝えられています。これは、日本の弘法大師や行基の話と同じく、地上を遍歴する神にたいする信仰の名残でしょう。

バスク地方の「洗濯」という話は、日本の「弘法機《こうぼうばた》」とよく似た話で、神を歓待した貧しい人がたくさんの布を手にいれます。日本の場合と違うのは、それに続くスカトロジックな罰で、ヨーロッパではとても人気があるらしく、各地でよく語られています。

ピレネーの「神様と牛飼い」は、伝説的な語りですが、日本の「あとかくしの雪」に雰囲気が似ています。日本の場合は、貧しい老婆が隣の畑から大根を盗んで弘法大師を歓待する話ですが、農耕民と牧畜民の差はあれ、いずれもしみじみとした話になっています。

このほか、日本の「猿長者」のように不心得者が動物に変えられたり、あわて者がキリストの奇跡をまねて大失敗したり、さまざまの話が伝えられています。

3. 悪魔に売られた子

むかし、結婚したいと思ってる男がいたんだ。それで、娘たちに会いにいった。男は美男だったから、かなり娘たちの気にいったさ。だけど、そのなかのだれかを嫁にほしいって親のところに行くと、断られた。なぜって、男はヨブみたいに貧乏だったからね。

ある日、男が自分の運のわるさを嘆きながら歩いてると、とつぜん目の前にまっ黒な紳士が現われて、こういったんだ。

「どうしたんだい、若い衆。そんなに悲しそうに道を歩いてるなんて」

「ああ、旦那。あたしは嫁をもらいたいんですが、金がないからどこへいっても断られるんです」

そしたら、まっ黒な紳士がいったんだ。

「もし、一番上の息子が四歳になったらわたしにくれるって約束すれば、金をやろう。この国一番の金持ちの百姓の娘と一緒になれるくらいのな」

「いいでしょう」って男は答えた。「あなたは、子どもに悪さはしないでしょうから」

その紳士は悪魔だったから、男にたっぷり金のはいった財布をわたしたのさ。若者は百姓家を一軒かりて、家財道具を買って、気にいった娘を嫁にもらった。

一番上の子は、お日さまみたいにかわいい男の子だったんだ。子どもが小さいうちは、父さんもあの約束のことを考えなかった。でも四歳にちかづくと、約束を思い出して泣いて、嘆いてばかりいた。

それで、女房はなぜそんなに泣いてばかりいるのかって聞いたんだ。

「おれは、あの子を悪魔に約束しちまったんだ。あいつが四つになると、悪魔がきっとむかえに来る。もうじきやって来るんだよ」

女房も泣いたさ。亭主よりもずっと大声でさ。そしたら、子どもがやって来て、母さんはどうしてそんなに悲しいのかって聞くんだ。

「ああ、坊や、父さんがお前を悪魔に約束しちまったのよ。お前が四つになったら、悪魔がきっと捜しに来るわ」

男の子はだまってたけど、次の日、母さんがパンを焼いてると、こういったんだ。

「母さん、ぼく一人のためにフェリオル（バン菓子）をひとつ作ってちょうだいね」

「いいとも、いいとも、坊や」って、母さんは答えた。

フェリオルができると、男の子は家を出て、歩きはじめたんだ。できるだけ足早《あしばや》にね。そしたら道の途中で、小さなおばさんに会ったんだ。おばさんはどこへ行くのかってたずねたのさ。

「逃げてくところだよ」って男の子が答えた。「父さんがぼくを悪魔に売ったんだ。だからぼくは、悪魔のやつがぼくを見つけられないように、遠くの、遠くのほうまで行くんだ」

「あたしにフェリオルをちょっとおくれ」

「こいつはあんまり大きくないんだ」ってパンを眺めながら男の子がいった。「でも、まあ好きなだけおとり」

小さなおばさんは、指のさき位の大きさのかけらをとって、フェリオルを男の子に返して言ったのさ。

「さあ、おちびさん、ここに小さな水のビンがある。悪魔がお前を背負ったら、この小さな羽でこれを少しふりかけておやり、でもあとは大切にとっといて、悪魔の大将に残りをぜんぶかけてやるんだよ」

男の子は、お礼をいった。それはマリアさまだったんだよ。

そして、ちょうど四つになった日、一匹の悪魔が大きな声で言ったんだ。

「おい、用意はいいか」

「いいとも」って男の子は答えた。

「それじゃあ、おれの背中にのりな」

男の子は悪魔の背中によじのぼると、羽で水をかけはじめた。マリアさまのくれたあの水をね。

そしたら悪魔はたえず叫びつづけたのさ。

「ちきしょう、ちびっ子のくせに、なんて重いんだ。なんて重いんだ」

やっとこさ、二人は地獄の門までやってくると、そこには悪魔の大将が待っていたのさ。男の子は、それを見ると、その顔めがけて残りの水をあらかたふりかけてやった。そしたら悪魔の大将は、手下に命じたんだ。子どもをもとの場所へ連れもどせってね。

悪魔は、そいつを二度とは言わせず、いそいで子どもを連れもどすために出発したのさ。けれど、男の子がしょっちゅう水をかけるもんだから、また叫びつづけてた。

「ちきしょう、なんて重いんだ。なんて重いんだ」

そして、子どもを両親の家の前におろして、やっと肩の荷を降ろしたのさ。


（コート・デュ・ノール県、一八八二年にグーレイのJ＝M・コモールがセビオに語る。一八九一年刊の「Revue de Bretagne, de Vendée et d'Anjou」誌所収、AT811A）

解説

一般に悪魔の正体は、裂けた爪、尻尾、とがった耳をもち、悪臭をはなつ怪物ですが、昔語りの世界ではたいがい黒ずくめの礼儀正しい紳士として登場します。巨人や人食い鬼、魔女のように超自然的な力や魔法をつかうことはなく、人間の弱みにつけこんで誘惑し、魂を地獄に落とすのが得意技です。

この話のように、父親が子どもを間違えて悪魔に売り渡す話はグリムの「手なし娘」や東欧で人気の高い「悪魔の契約書」（AT756B）などがありますが、いずれも援助者の助けや忠告によって災いをまぬがれることができます。

また、グリムの「三人の職人」や「くまの皮男」は、主人公自身が悪魔と契約してピンチに陥る話ですが、この二つの話では悪魔はなかば援助者となり、主人公のかわりに別の悪人の魂を奪って地獄にもどります。

悪魔は、伝説や体験談のなかにもしばしば登場しますが、その場合は確実に魂を奪いさる不気味な存在であることが多いようです。

4．なぞときの王さま

むかし、何時《いつ》のことだか何処《どこ》のことだかもう分からんけれど、えらい王さまがいて、謎解きがとっても得意だったのさ。とにかく、その広い国のすみずみまで、ある日おふれを出して「自分の解けないような謎々を三つ出した者には、金貨百万枚の持参金をつけて娘をやろう」と言ったくらいのものだったんだ。

まあ、王子さまだの、貴族だの、詩人だの、ありとあらゆる文士、才人、遊び人があつまってきたのさ。みんながこんな約束につられて、際限もなく休む暇なく、王さまに山ほどの難問や、海ほどの奇問、謎々、言葉遊び、文字遊びの火花を仕掛けたんだ。「なんでしょう」とか、「私の最初の問題は」とか、「どんな違いがあるでしょう」とか、たえまなく聞こえてきた。でも、みんなが口を開くやいなや、王さまはもう答えを当てていたのさ。しまいには、疲れて、声もかれて、がっかりして、うんざりして、みんな逃げ出して、帰ってこなかった。

けれども、かわいいお姫さまは、天使よりやさしくて、暁よりも美しいのに、待つのがとっても長く思われたし、せつなくて、悲しくて、かわいそうに、昼も夜もため息ばかりついていたんだ。

さてその頃、ずっと遠くはなれた小さな村に、学問のすきな若者がひとり住んでいたんだ。心がやさしくて、頭がよくて、なかなかの詩人でもあったのさ。ところが、若者の考えることがさっぱり分からない無知な両親は、さっさと厄介ばらいしたいもんだと思ってた。そこで若者は、風の噂に王さまの目論見《もくろみ》をきくと、すぐに王女さまをいただく手立てを見つけだして、こういった。

「父さん、ぼくは家をでるよ。ぼくは、いらないみたい

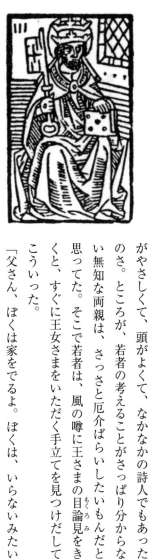

だから」
「出ていきな」
それで、若者は旅にでた。
これからいろいろ話すとおり、さまざまな冒険を重ねたあげく、若者は都にやってきて、お城の場所をきくとそっちに向かったんだ。そして用向きを役人に話すと、王さまに取り次がれて、迎えがやってきた。若者は、泥足のまんま、分厚い絨毯のうえを堂々とした足取りで歩いて、それぞれ磨きぬかれた立派な広間を二十も横切っていったのさ。こうして王さまの前についた。王さまはどっしりした彫刻のある金の椅子に腰掛けて、ダイヤモンドと真珠つきのビロードに包まれていた。そして、どんな問題かって聞いたんだ。
そしたら、若者は言ったんだ。
「陛下に、健康と長寿と栄光がありますように。常勝の陛下に、わたしがいま三つのつまらぬ謎を持参いたしました。陛下のお気にいれば、光栄のいたりです。それでは、よろしいでしょうか。まいりますよ」
　わたしは、しくじりました
　けれども殺しました
　ひとつの死が、この夏、
　ふたつの生き物を滅ぼしました

そして、堅いものが（よくお聞きください）
やわらかいものに貫かれました

こう言うと、若者はだまって、じっと待ったのさ。王さまは、びっくりして、考えて、考えぬいたんだ。目をみひらいたり、手に顔をうずめたり、顎をつまんだりした。頭をたたいて、かきむしり、地団駄ふんで考え、悪態をつき、唾をのみこみ、うんうんいった。だめだ。じりじりして、眉をよせて、手がでない。石みたいに馬鹿になって、思いつかないから、先生にうかがうことにしたんだ。

「ああ、もうたくさんだ。まいった。はやく答えを言ってみろ、はやく。けれど、もしだましたら、すぐに首をつってやるからな」

「陛下、どうぞお聞きください。わたしの父と母と兄弟たちは、わたしにひどい扱いをしましたので、わたしは家をでました。つくってもらった三つのパン菓子をもって、気楽に旅ができるようにロバを盗んで、出かけたのです。猟師の山小屋のそばの、梨のいっぱい実った木のしたで、ウサギが穴からのぞいてました。鉄砲があれば、あいつを一発跳ばせてみせるのに、と思って、じっとあたりを見回すと、なんと山小屋に、弾のこもった、お誂《あつら》えむきの鉄砲があったんです。わたしは、そいつを肩にあて、狙いさだめ、ほんのわずかのところで、といってよいと思いますが、獲物をのがしました。けれども、弾は木にあたって、実をゆすり落とし、その実がウサギをやっつけたのです。『わたしはしくじりました。けれども殺しました』というのがこれです。いかがでしょうか、陛下」

「わたしはそれを見定めて、ロバのところへ帰りました。『さあ、おまえはわたしを乗せて歩いて、きっと疲れたろ。パン菓子を食べな、わたしには梨とウサギがあるから』」

そうしたら、なんてことでしょう、ロバは倒れこんで、鳴いて、目をまわして、死んでしまったんです。パン菓子に毒がはいってたんですね。かわいそうなロバ、わたしには語る言葉もありません。わたしは小屋に泊まりました」

「ところが次の朝、ロバの屍《しかばね》のうえに大食いのカラスが二羽、死肉をあさっていたんです。そして間もなく石のうえに落ちてかたくなりました。毒がまた働いたんですね。『ひとつの死が、ふたつの生き物を殺した』というわけです」

「わたしは出発しました。悲しくて喉がかれたので、渇《かわ》きをいやそうとしました。滝があって水がおちていましたが、飛び散る水に石が穿《うが》たれていたのです。もちろん、高いところから落ちた水が、岩を磨り減らしたのです。『やわらかいものが、堅いものを貫いた』というのがこれです」

「わたしの勝ちですね。それを、お認めになりますね。でも、卑怯な手口で勝ってもつまりませんから、もう一つ問題をだしましょう。もし当たれば、それまでです。けれども、もし陛下がお分かりにならなければ、もはやお取り消しのないように、この紙に署名なさって、娘さんと持参金をいただきたいものです」

「二本の足が、三本足のうえに一本足をおいた。ところが二本足が一本足をおくとすぐに、四本足がやってきて三本足の上にのり、一本足をもってった。とつぜん二本足は四本足をおいかけて、一本足をとりかえし、そいつを三本足の上にもってきた。二本足が、一本足を齧《かじ》るためにね」

「おい、おい、おい」って、たまげた王さまが叫んだ。

「わたしは、腹ぺこでしたが、一本のパイプを歯で噛みしめるよりほかありませんでした。幸い、小さな村に入りました。宿屋なんかは、まったくありません。開いていた最初の戸口にむかって、わたしは宿を乞《こ》いました。すると、家の人たちは愛想もなく、一本の豚の足をだしてくれました。主人はそれをテーブルのうえにおき、二言ばかり話をしました。（テーブルには足が三本ありました。）その時、四本足の猫がやってきて、テーブルのうえにのると、豚の足をさらっていったのです。主人はそれを追いかけて、逃げる一本足をとりもどしました。そして、やっとテーブルのうえにもどった一本足をわたしが食べたのです」

王さまは、若者をさえぎって、

「みなのものを集めよ」って言ったのさ。

そして、みんなの前で、

「よく聞きなさい」って、やさしく言ったんだ。

宮廷のものたちよ、これがわたしの聟だ
日曜であれ金曜であれ、

その命令どおり、出廷せねばならん
この者の禁じることを行うな
さもなくば、わたしの命に背くと同様
裏切り者は高く吊るされる
そして、その体は灰に帰するのだ

（ルイ・シャラスがアプト地方で記録。一九〇四年刊の「Armana dou Ventour」誌所収、AT851）

解説

これは、南仏方言による記録ですが、文学的な修飾の多い記録です。

この話の類話は、ふつう「謎とき姫」と呼ばれ、謎をとくのはお姫さまです。お姫さまはたいへん美しいのですが、求婚者がやって来ると謎々を出させて、お姫様はその謎を解くと求婚者の首を切ってしまいます。そこへたまたま通りかかった若者がとけない謎を出すのです。姫は悔しがって、夜中にこっそりしのんできて、若者から答えを聞き出してしまいます。しかし若者は最後にその策略をあばく証拠を示して、姫と結婚します。

これは、若者がとけない謎を王さまに出して娘を手にいれる話ですが、逆に娘が謎を解いて幸せをつかむ話には、グリムの「かしこい百姓娘」があります。

日本の「謎とき聟」や「播磨糸長」も、若者が娘の出した謎を解いて娘と結婚する話でした。昔語りの世界には、謎々をテーマにしたものが少なくありませんが、それはかつての語りの場で、さまざまの言葉遊びとともに謎々が楽しまれたことと関係があるのでしょう。

5. 領主と司祭

ずいぶん昔のことだけど、フォントネイ・オー・ローズに一人の領主がいて、いじわるで、神さまを信じていなかった。

あるとき、司祭さんがなくなって、とても学があるって評判の新しい司祭さんがやって来た。

領主は、嫌がらせをして、困らせてやろうと、司祭さんを呼んでこう言ったのさ。

「あなたは学があってとても頭がいいって噂をきいたが、わたしには三つ知りたいことがある。

それに答えてほしい。

まず、わたしの値打ちはどれくらいか。

次に、世界の真ん中はどこか。

最後に、わたしは何を考えているか。

帰って、一週間後のおなじ時間にまた来なさい。うまく答えれば、五十リーヴルあげよう。さもなければ、召使いに五十発なぐらせることにしよう」

司祭さんは、すっかり困って悲しくて、教会の門番小屋の前をとおると、自分の悩みと心配をぜんぶ打ち明けずにはいられなかったんだ。とにかく、問題には一つも答えられなかったからね。

門番は司祭さんが苦しんでるのをみると、ちょっと考えてからいったんだ。

「司祭さんの服を貸してくれれば、あたしが代わりに行って答えましょう。領主さまには一度しか会ったことがないし、冬の夕方だったから、このすりかえには気がつかないでしょう。けれど、もしうまくいったら五十リーヴルはいただきますよ」

「いいとも、しかしうまくいかなければ棒を五十発くらうんだぞ」

門番は、学問は足りなかったけど、司祭さんよりずっと賢かったのさ。

それで、一週間目の夕方、司祭さんの格好をして、決められたとおり答えに出かけたのさ。

「たいへんけっこう」って領主は言った。「それでは、わたしの三つの質問に答えてもらおう。まず、わたしの値打ちはどれくらいかね」

「いかにも。われらの主キリストは、銀三十枚でユダに売られました。あなたさまの値打ちをいかように高く見積もっても、これと同じというわけにはまいりません。十五枚と申せば、これ以上はございませんし、十分と申せましょう。あなたさまも同様にお考えと存じます」

「それでは、二つ目の質問だ。世界の真ん中はどこだと思うかね」

「ちょうど昨日《きのう》測りおえたところです。それが、驚いたことに、あなたさまのお庭のまん中なのです。まったくそのとおりなのですが、わたしにも確信がございません。もう一度、測り直させてはいかがでしょうか。わたしは、申しあげたとおりであると信じております」

「いずれにせよ、わたしはその間違いを証明できないわけだね。しかし司祭さん、三番目の質問はどうかな。これまでとは違うぞ。答えてごらん。わたしは何を考えているかな」

「それは簡単です。あなたさまは司祭さんと話しているとお考えでしょうが、本当はただの門番を相手にしているだけなのです」


（イル＝ド＝フランス地方、Ｌ・ギロア「手稿」一九二九年、ＡＴ９２２）

解説

これも、謎を解いて王さまをやっつける話です。

「皇帝と僧院長」というタイトルで有名な話ですが、ドイツの民俗学者ワルター・アンダーソンの国際比較研究によっていっそうよく知られるようになりました。アンダーソンは、文献資料も含めた六百ちかい類話を綿密に検討して百八十のタイプにまとめ、原型からの変化をたどってゆきました。

アンダーソンによれば、この話の原型は七世紀ころおそらくエジプトで形成されたもので、それが散文とバラッドの二つの形式で伝えられていったということです。イギリスやアメリカのような英語圏では、おもにバラッドを通して伝えられたようですが、なかでも「ジョン王と司教」は古くから知られています。

この話はパリ近郊のフォントネイ・オー・ローズの町に実際にあった伝説の形をとっています。

6. 女は悪魔より賢い

女は悪魔より賢いのさ。

むかし、借金をかかえた夫婦がいたんだ。どうやって返したらいいかわからない。かわいそうな男は、仕事におわれて、眠れないままにある晩こういったんだ。

「悪魔が来たら、契約を結んでやりたいくらいだ」

するとたちまち、毛むくじゃらで、角がはえて、親指に鉤爪のあるやつが姿を現した。

「おれを呼んだね。なにが望みだい」

「金がほしいんだ」

「いくらいるんだね」

「五百ピアストルいるのさ」

「よかろう。だけど見返りになにをくれるつもりかな。おまえの魂かな」

「とんでもない。コンダミーヌでとれた収穫物を二十年のあいだやろうじゃないか。おれが耕して、種をまいて、お前が刈りとるのさ。

「よしよし、そうしよう。よくわかった」って悪魔がいった。そして五百ピアストルを渡したのさ。

女房が目を覚ますと、男は金を見せて、どこから借りて、どんなふうに利息を支払うか話してきかせたのさ。そしたら女がいったんだ。

「悪魔をだましてみない」

「やつは利口すぎるよ」

「たぶんあんたよりはね、おばかさん。でも、あたしほどじゃあないわ、呼んでごらんなさいよ。よくわかるから」

そこで亭主は、また悪魔を呼んだんだ。そしたらすぐに現われて、ほしいものをたずねたのさ。また金かどうかってね。

「そのことじゃないのよ」って女房が答えたんだ。「あんたはコンダミーヌの作物をとったけど、どっちの方のかってことをいい忘れたわよ。地面の上の方なの、下の方なの」

「おれは、地面の上のやつがほしいね」

「それじゃあ、そうしましょう」

悪魔が行っちまうと、女は亭主に言ったんだ。

「コンダミーヌには、甜菜と人参、蕪とごぼうとジャガイモ、それにラディッシュをまくよ」

それで悪魔が収穫にやって来たときには、葉っぱしか取り分がなかったんだ。悪魔は亭主のところへやって来て、言ったのさ。

「今年は、うまくだまされた。だけど来年は地面の下のやつをよこせよ」

「そうしましょう」って女房が答えた。

悪魔が行っちまうと、女は亭主に言ったんだ。

「今度は、コンダミーヌには、麦と豆とトウモロコシ、それにキャベツをつくるのよ」

それで悪魔が地面の下の方の収穫をとりにやって来たときには、根っこしか取り分がなかったんだ。悪魔は亭主のところへやって来て、言ったのさ。

「また、おれをだましたな。思いきり殴って、仕返しをしてやるぞ。今すぐコンダミーヌで戦って、どっちが強いか決めようじゃないか」

「今日はだめよ」って女房が答えた。「万一に備えていろいろ整理しなくちゃいけないの。一週間したら、同じ時間にいらっしゃい。待ってるわ」

悪魔と戦わなくちゃいけないかと思うと、かわいそうな男は気が気じゃなかった。食欲もないし、眠れない。泣いてばかりいたのさ。

「食べて、飲んで、お休み、おばかさん。悪魔は、あたしが引き受けたわ」

「だけど、いったいどうするんだい」

「あんたが悩むことはないわよ」

一週間して、悪魔がやって来たけど、男が家にいないんだ。

「どうしたんだ、亭主は家にいないのか」

「お持ちなさいよ、もうすぐ来るわよ。あの人は爪をとぎにいったのよ。あんたも、ただじゃあすまないわ。御覧なさいな、このひっかき傷、あの人がとぎにいく前につけたのよ」

「とんでもない」っておどろいた悪魔が言ったのさ。「戦いなんて、もうごめんだ」

悪魔は行っちまって、もう帰ってこなかったんだよ。

クリック　クリック

あたしの話は終わったよ

クリック　クラック

あたしの話はおしまいだよ

（ナルボンヌでギボー博士が記録。ランベール編『ラングドックの民話』一八九九年所収、ＡＴ１０３０）

解説

賢い女が、上手に取り引きして悪魔をやっつける話です。この話では、悪魔は恐ろしい本来の姿で登場しますが、女房にころりと騙されてしまいます。

概して、昔語りの世界の女たちは結婚まで（確実に男をつかまえるまで）は慎ましく試練に耐えることが多いのですが、結婚の後は亭主を引き回し有無をいわせないタイプが少なくありません。「漁師とその女房（酢のビンの中の夫婦）」やこの話に登場する女たちには、そんなたくましさが伺えます。

この話は、ほかに「狐と熊の収穫物の分配」（AT9B）として語られることもあります。例によってトリックスターの狐が、この話の悪魔にあたる正直者の熊をだます話です。ずるい狐を罰するために「尻尾の釣り」などの話がつづくこともあります。

日本の古事記・日本書紀に見られる「海幸・山幸」や沖縄地域でよく語られる「ミルクとサーカ（釈迦《しゃか》）」の収穫物の分配もこのタイプの話です。

このナルボンヌの語りは、語り初め、語り納めも軽快な楽しい語りです。

7．ラミナとお婆《ばあ》さん

むかし一軒の家があって、お爺《じい》さんとお婆さんが住んでた。二人とももうかなりの年だったのさ。お爺さんはいつも早く床につくけど、お婆さんは毎晩遅くまでフィルフィルって糸を紡いでた。

ところが、毎晩いつも同じ時間になると、お婆さんのところに見知らぬ女がやって来る。暖炉の煙突から下りてきて、夕食のパンのかけらをもらうまでは動かないんだ。お婆さんがソーセージを焼き始めると、いつも同じ音がして、同じことをねだるのさ。

「パンと肉、スープに浸したパンかい」

もう何週間もつづいて、かわいそうなお婆さんは、おっかなくて、お爺さんにもいい出しかねてたんだ。ラミナが、いつか来なくなってくれるんじゃないかと思ってさ。

だけどある晩、お爺さんは夢うつつに、お婆さんが誰かと話をしてるのを聞いたような気がした。それで、お婆さんが床についたときに、たずねてみたのさ。

「なあおい、ちょっと前に誰かと話をしてなかったかい」

「そうなんだよ……」

「誰がいたんだい」

「それが、あたしにも誰だかよくわからないのだけど、もう何週間もおなじ化け物があたしのとこに来るんだよ。いつもおなじ時間で、夕食をはじめるときなの。そして、きまって『パンと肉、スープに浸したパンかい』って聞くんだよ」

「それで、お前はそいつにやるのかい」

「仕方がないさ。ほかにどうしようもないからね」

「よしきた。明日の晩は、おれがお前のかわりにいてやるよ。そんな時間にやって来るのは、ろくな奴じゃないだろう。魔法使いか、ラミナか、明日よく確かめてやろうじゃないか。用心のためにお前の肩掛けとスカーフをつけておくよ。きっといつものように、お前が相手だとおもうだろう」

次の日は、きめられたとおりにお婆さんは床につき、お爺さんが火のそばに残って糸を紡ぐまねをしていたんだ……。そしたらすぐに、お爺さんは大きな物音を聞いた。いつものへんてこりんな奴が、煙突からするすると下りてきて、お爺さんのすぐそばに座って、分け前をよこせっていうんだ。

「パンと肉、スープに浸したパンかい」

お爺さんは聞こえなかったふりをして、フィルフィル、夢中で糸を紡いでた。そしたら、ラミナがたずねるんだ。

「今夜は、すごく働くねえ」

「そうとも、昨日はフレンフレン、フィランフィラン、今日はフランフラン、フュルドゥルフュルドゥルだよ」

そうして、へんな奴を横目でみながら糸を紡ぎつづけた。お爺さんは、すぐにラミナだってわかって、大いそぎでここから追っ払わなくちゃいけないって思ったんだ。

ラミナのほうでも、なんとなく警戒しはじめて、こう聞いたんだ。

「今夜のあんたは、いつもと違うねえ。なんだか冷たいよ。名前を聞かせておくれよ」

「あたしはあたしだよ」

「あたしはあたしか。それからパンと肉、スープに浸したパンかい」

お爺さんは、暖炉のすみにフライパンをおいといた。そいつを火にかけて、ラードをたっぷり塗ったんだ。それでまっ赤になるまでほっといた。ラミナは、すっかり御機嫌になっちゃって、もみ手をして待ち構えてる。

「パンと肉、スープに浸したパンかい」

突然、フライパンがちょうどまっ赤になったのを見はからって、お爺さんはそいつを急いでとって、さっと、ラミナのちょうど顔のまんなかにラードをかけたんだ。

たちまち、叫び声をあげながら、ラミナは煙突を上ってった。そして外に出るとすぐに、大騒ぎをして、仲間のラミナをみんな集めたんだよ。両手を顔の火傷にあてて、泣きつづけるもんだから、仲間たちには何を言ってるのかさっぱりわからない。

「どうしたんだい、いったい。誰があんたをこんな目にあわせたんだい」

「あたしはあたしだよ」

「あんたがあんたをやったなら、誰のせいだって言うんだい。あたしたちに、どうしろって言うんだい」

そして、ラミナたちはすぐに闇にまぎれて、あっちこっちへ行っちまったとさ。


（バスク地方、バルビエ編『バスク地方の伝説』所収、ＡＴ１１３７）

解説

ジェイコブズの民話集に収められた「わたしはわたし」の類話です。

この話に出てくるラミナはバスク地方の妖精で、ほかにもいろいろな話に登場します。たとえば、「魂と交換に一晩で城をつくると約束して、一番鶏の声にだまされて、あと一歩で依頼主の魂を奪うのをあきらめた」とか、「髪をすくラミナをだまして、羊飼いが金の櫛を手に入れた」とか、日本人にも親しみ深い『遠野物語』のような世界が語りつがれています。同じバスク地方の類話には、ラミナを追い払ったあと家が没落したと語られていますが、これも日本の座敷童子の伝承に似ています。妖精はここでも恐れと憧れの両義性をあわせもっているのでしょう。

この話は、フランス各地で語り継がれ愛されていたようで、ジョルジュ・サンドの『フランス田園伝説集』にも「恋する妖精」として、ノルマンディーの話とベリーの話が紹介されています。

お婆さんがひとりで糸紡ぎをしていると、化け物がやって来るという仕掛けは、日本の「狸の八畳敷き」にも似ています。

Ⅳ　笑い話と形式譚

1．七人のオーヴェルニュ人

むかし、七人兄弟のオーヴェルニュ人がいたのさ。

ある晩、みんなで散歩に行って、井戸のそばを通ったのさ。通りすぎてから、立ちどまって、たがいの数を数えたんだ。だれも井戸に落ちなかったかどうか確かめようと思ってね。

ひと通り数えおわってみたら、六人しかいないっていうんだ。なぜって、自分を数えわすれていたからね。

いそいで井戸をのぞいてみたら、水に自分の顔がうつってた。みんなは、落ちたやつを見つけたと思ったのさ。

それで、みんなで鎖をつくった。一人が横木につかまって、ほかの連中がつぎつぎに足にぶらさがったのさ。まもなく、横木につかまってたやつが、重さにたえられなくなって悲鳴をあげた。

「手がすべって、もうだめだ」

そしたら、底にいたやつが叫んだんだ。

「両手に唾をしろ」

上にいたやつは、言葉どおりにしたのさ。そして、みんな溺れちまった。

おれも近くにいたんだけれど、大いそぎで逃げてきた。連中といっしょに落ちないようにね。

草が深くて、ネズミの足を踏んだぞ。

キュイ、キュイ（cuit）、これでこの（ce）話はおしまい。


（ロット県のテシウーで聞く。セイニョル編『ギュイエンヌの民話』所収、AT1250／1287）

2. 二人のオーヴェルニュ人

むかし、オーヴェルニュ人の二人兄弟が、となり村のお祭りから帰ってきたんだ。あと三キロで家に着くってとこで、おいしそうなのがいっぱいなった梨の木の前をとおったんだ。

「今夜、月が出たら食べにこようじゃないか」って、二人は言ったんだ。

家に帰ると、夜になるのを待って、梨の木のところへやって来た。

すばしこい方が木にのぼって、兄弟に実をわたしてたけど、まもなく、そのまま地面に放りなげだした。下にいるほうは、次から次へと食べつづけたのさ。けれども、あんまり暗いんで、ふっと梨のかわりに蛙を拾って、食べちゃったんだ。たちまちそいつはジタバタしはじめた。

「なんてこった、兄弟。この国の梨にゃあ足があるのか」

「いんや、梨にゃあ尻尾［＝果柄］があるだけさ」

「うわあ、兄弟、兄弟、おれは行くからな」

木にのぼってたほうがおりてきたけど、あと一人はもう家に帰っちゃってた。

（そこで、男のひとりごと）

藁で三日、干し草で三日
あいつが、犬みたいにくたばっちゃった
埋葬に、司祭さんを呼んだんだ
そしたら、一フランよこせって

兄弟をさがしにいったら、ここにいた
犬みたいにくたばって、牡山羊みたいに臭いんだ
埋葬したくなかったら、そいつを食っちゃいな

（ドルドーニュ県のサンマルタン・ド・ギュルゾン生まれの故ドージュリアが語る。セイニョル編『ギュイエンヌの民話』所収、AT1319B）

解説

フランスの中央山地に位置するオーヴェルニュ地方の人たちをからかう話です。イギリスのゴータム、スウェーデンのエーランド、デンマークのモルボなど、世界各地には「愚か村」とよばれて、笑話のたねになる村があります。オーヴェルニュの場合は、村というよりも広大な山岳地帯ですが、フランス中央部にありながら暮らしのスタイルが周囲と異なるために、ただ愚かなだけでなく「けちで、手癖がわるく、人情の薄い人でなし」というたいへんなレッテルをはられてきました。

ここにあげた二つの話は世界中に分布するごくあたりまえの笑話なのですが、語りはとくに手がこんでいて、方言までまねてオーヴェルニュ人をからかったりしています。

ジョルジュ・ブラッサンスの「オーヴェルニュ人に捧げる歌」は、それとは逆に彼らの心の暖かさを歌ったものですが、こうした意地悪な目が下地にあるためにかえって深い感動をあた

えます。

最初の話には面白い語り納めがついていますが、キュイ（cuit）とこの（ce）という二つの音を合わせると「腿」「尻」（cuisse）という意味に近くなり、話にオチがつきます。

二番目の話の最後の七行は意味不明ですが、これも語り納めの一種ではないでしょうか。

3．ジャン＝バティストの取りかえっこ

むかし、ジャン＝バティストとマルグリットっていう夫婦がいたのさ。

ある日、マルグリットがいったんだ。

「ねえ、あんたはどうしてお隣さんみたいにしないんだい。お隣さんは、しょっちゅう物を取りかえっこして、大儲けしてるじゃないか」

すると、ジャン＝バティストがいったのさ。

「もし俺がしくじって帰ってきたら、お前は文句をいうんだろ」

「いんや、いつも儲かるとはかぎらないわ。牝牛が一頭いるから、売ってくりゃいいのよ」

そこでジャン＝バティストは牝牛を連れて出かけたのさ。そしたら途中で、牝山羊を連れてる

男にあったのさ。

「どこへ行くんだい、ジャン＝バティスト」

「牝牛を売って、牝山羊を買いにいくのさ」

「遠くまで行くことはないよ。ここに一匹いるから」

ジャン＝バティストは、牡牛を牝山羊と取りかえて、歩きはじめたのさ。

そこから、またちょっと行くと、鵞鳥をいれた籠を背負《しょ》ってる男にあったのさ。

「どこへ行くんだい、ジャン＝バティスト」

「牝山羊を売って、鵞鳥を買いにいくのさ」

「遠くまで行くことはないよ。ここにいるから」

二人は、連れてる動物を取りかえて、それからまた歩きはじめたのさ。

そしたら、小脇にオンドリを抱えた男と出会ったんだ。

「どこへ行くんだい、ジャン＝バティスト」

「鵞鳥を売って、オンドリを買いに行くのさ」

「そんなに遠くまで行かなくたって、ここに一羽いるよ」

ジャン＝バティストは、鵞鳥をわたしてオンドリをもらった。そしたら町の入り口で、道端の糞をあつめてる女とあったのさ。

「おばさん」ってジャン＝バティストは声をかけたのさ。「そいつは、うんと儲かるかい」

「ああ、たっぷりさ」って女は答えた。

「オンドリをやるから、その糞をゆずってくれないか」

「いいとも」

ジャン＝バティストはオンドリをわたすと、糞をもって市場にいって、そこでお隣さんと出会ったんだ。

「やあ、ジャン＝バティスト。景気はどうだい」

「ああ、今日はたいしたことはないよ。うちの牝牛を牝山羊ととりかえたんだ」

「なんて馬鹿なんだ。マルグリットがなんていうだろう」

「マルグリットはなんにもいわないよ。それだけじゃないんだ。牝山羊を鵞鳥と取りかえたのさ」

「ああ、マルグリットがなんていうだろう」

「マルグリットはなんにもいわないよ。まだそれだけじゃないんだ。鵞鳥をオンドリと取りかえて、オンドリのかわりに糞をもらったんだ」

「なんてばかな取り引きをしたんだ。マルグリットにどやされるぞ」

「マルグリットはなんにもいわないよ」

「二百フラン賭けようじゃないか。もしマルグリットが文句をいったら、あんたが二百フラン払う。そうでなけりゃ、おれが払うよ」

話がまとまって、二人は一緒に村に引き返したのさ。

「おや、ジャン＝バティスト」ってマルグリットが、聞いたんだ。「景気はどうだったい」

「たいしたことはないよ。うちの牝牛を牝山羊ととりかえたんだ」

「それはよかった。牝牛を飼うには、秣《まぐさ》がたりなかったからね。牝山羊になら間にあうよ。それに毎日ミルクも出すしね」

「それだけじゃないんだ。牝山羊を鵞鳥と取りかえたのさ」

「そりゃ、ますます結構よ。ベッドの羽が手に入るもの」

「まだそれだけじゃないんだ。鵞鳥をオンドリと取りかえたのさ」

「そりゃ、本当にすごいわ。それでやっぱり羽毛に困らないわ」

「だけどまだ先があるんだ。オンドリを糞と取りかえたんだよ」

「まあ、それが最高よ。庭の一番いい場所にその糞をまきましょうよ。そしたらきっと、きれいな花が咲くわ」

それを聞いたお隣さんは、二百フラン払わないわけにゃいかなかったのさ。


（ロレーヌ地方、コスカン編『ロレーヌの民話』所収、ＡＴ１４１５）

解説

グリムの「運のいいハンス」によってよく知られた話ですが、ハンスが次々と持ち物を交換して、最後にはすべてを失ってしまうのにたいして、こちらは賭けに勝ってたっぷりお金を手に入れます。

昔語りの世界には市に出かけて、幸運を拾う話がたくさんあります。「ジャックと豆の木」や「灰かぶり」のように、市やその道すがらに交換したり拾ったりした豆や木の実などが、実は不思議な力を秘めていることが多いのです。

この話の主人公の行なった交換にたいするおかみさんの評価は、一見馬鹿げていますが、私たちが「等価交換」という幻想を振り払ってしまえば、いちいちもっともです。これは交換の本質をついてはいないでしょうか。

フランスにはまた、これとは逆にたった一粒の穀物を次つぎと交換して、最後には王女さまと結婚してしまう「有利な交換」（ＡＴ１６５５）という話があります。日本の「藁しべ長者」もその仲間ですが、この場合も交換はけっして等価ではありません。

4．泥棒の名人

男がいて、三人の息子があったんだ。一番上の息子は、左官の職をおぼえたいって言ったのさ。

男はお城づとめをしてたから、言ったんだ。

「こいつは、ご主人に知らせとかなくちゃ」

主人のほうは、いっこう差し支えないって答えたのさ。それで長男は旅に出た。一年たって帰ってくると、左官になってた。父さんとお城に報告にいくと、主人がいったのさ。

「城には、ほしいだけ仕事があるぞ」

これで一人かたづいた。二番目の息子が、自分も旅に出て仕立て屋の職をおぼえたいって言ったとき、主人も差し支えなかったので、仕事をおぼえてよろしいって答えたんだ。旅からもどって、仕立て屋になったって報告にいくと、主人は、城にはほしいだけ仕事があるって答えた。

下の息子は自分も出て何かをおぼえたいって言うんだけど、何にするかまだ決めてなかった。主人は、いずれ手並みを見せてもらおうっていったのさ。一年たつと、帰ってきて、父さんにいった。

「あたしは、泥棒の名人になりました」父さんは、困って、主人にどういったらいいかわからない。でも、「とにかく報告しなくちゃ」って考えて、言ったのさ。

「御主人さま、たいへん申しあげにくいことなのですが、息子が泥棒の職を身につけてまいりました」

「それはよい仕事だ。けれども、腕がよくなくちゃいかん。明日は、手初めに私が二人の男に牛を二頭あずけて市場へやろう。それぞれに三百フラン渡しとくから、その金と牛を盗みなさい」

次の日、二人の召使いと牛は市場に出かけたのさ。一人が先にたって、もう一人が後ろを見ながらね。二人はこんなふうに話しながら歩いてた。

「こうやって連れて歩けば、盗めっこないよ」

そこで、泥棒の名人は先まわりして、木にさかさにぶら下がってた。足を上に頭を下にしてね。そしたら、まあ、その二人の男が言ったんだ。

「見ろよ。ここらじゃ、なんて恰好で人をつるすんだ」

泥棒の名人は、下りるとまた百メートルばかり前にまわって、木にぶら下がった。同じようにしてね。すると二人はこう言った。

「あいつは、さっき見たやつじゃないか」

「とんでもない、ほかのやつだよ」

「同じだったら、同じだよ」

「そんなら、同じじゃないってことを教えてやるよ。この石のうえに三百フランおいて、牛は木につないで、いっしょに確かめにいこうじゃないか」

二人がひき返すと、泥棒の名人は木から下りて、金と牛をとって、森をぬけて家に帰ったのさ。二人の召使いは、言い争っていたけどね。

金の袋と鍵を持った都合の良い男

息子は父さんに、御主人の金を盗んだけど、よろこんでお返ししますって言ったのさ。そしたら主人は、父さんにいったんだ。盗まれたものは盗まれたものだ。そりゃ、息子のものだよって。

「だが、明日はそうはいかないぞ。息子に城に来るようにいいなさい。私が、仕事をいいつけよう」

次の朝、主人は泥棒の名人に言ったんだ。

「私は、百頭の牝馬を、鉄砲をもった百人の男に守らせて、棚に入れておく。それを盗みだしなさい」

帰り道で、泥棒の名人は粗末ななりをした乞食に会って、こう言ったんだ。

「この場で、着物を取り替えようじゃないか」

そしたら、乞食が言ったんだ。「ほっといて下さいよ。あたしの着物はボロボロなんだから」

「いや、いや、いや。取り替えようよ」

それで乞食は、大よろこびで自分の着物をくれたのさ。泥棒の名人のあたらしいやつとひき替にね。それから名人は、皮の水筒に眠り薬をいれて、牝馬のいる所の戸をたたきに出かけたんだ。

そこに着くと、連中はもう鉄砲をうつ用意をしてた。そして、その一人がいったのさ。

「おい見ろよ、かわいそうな乞食がいるぜ。こっちは、食があり余ってるんだ。食い物と飲み物をやろうじゃないか」

そうして、食べ物と飲み物を出してくれたのさ。泥棒の名人はそいつをもらって言ったんだよ。

「おやおや、ぶどう酒があんまりよくありませんな。こっちにいい酒があります。たくさんはないんですが、まあ、飲んでみてくださいよ」

「いや、いや、いや、いや」ってみんながいった。

「さあ、さあ。あとでそちらの酒を水筒に入れてくれればいいんです」

そしたらまあ、とやかくいってたけど、なかにひとり味見するやつがいて、言ったんだ。

「すごいぞ。飲んでみろ、飲んでみろ」

そして、結局みんなが飲んじゃったのさ。そして五分後には眠りこんじまったんだ。それで、泥棒の名人は柵をおおきく開けて、牝馬を連れだして、主人に会いにいったんだよ。

「これで、あたしは牝馬を盗みました。けれども、よろこんでお返しいたします」

「いやいや。盗まれたものは盗まれたものだ。そりゃ、お前のものだよ」って、主人はいったんだ。

「だけど明日の晩は、一番むずかしいことが待ってるよ。そいつを切り抜けたら、上出来だ。しくじったら、ただではすまないぞ。明日の晩は、奥方のベッドの敷物とシーツを盗むんだ。もちろん奥方はその場にいるんだよ」

昼のうちに、泥棒の名人はどこかで人が死んだって噂を聞きこんどいた。それで、その死人を捜して隠しといて、真夜中の鐘がなると、梯子をのぼって奥方の部屋の窓をたたいたんだ。棒のはしっこで死人をささえてね。するとたちまち、奥方を守ってた召使いの男たちは、銃剣で死人を刺し殺したんだ。

その後で、男たちは後悔して、言ったのさ。

「埋葬してやらなきゃいけないな」

そうして、奥方を先頭に城の連中が死人を葬っているうちに、泥棒の名人はベッドの敷物とシーツを縄でゆわえて、家に運んじまったのさ。そしてまた、主人のところへ報告にいった。そしたら、主人はこう言ったんだ。

「よくお聞き。これまでわたしから盗んだもので、お前はもう一生暮らしていけるはずだね。私はもう、お前には仕事をさせないよ」

トリック　トラック
あたしの話はおしまいだ。


（アリエージュ県で、一九五三年十月にウーフラジー・ルーゾーが語る。

ジョアスタン編『アリエージュの民話』一九六五年所収、AT1525）

解説
民話には、冒険を求めて旅に出る兄弟の話がたくさんあります。なかでもこの話のように、何か手に職をつけるために旅立っていく若者の話は、多く語られています。それは実際にヨーロッパ中世の世界で職人の徒弟たちが、親方になるために修行の旅を続けたことや、そうした遍歴の職人たちが町から町をまわるうちに多くの話を語り伝えたことと関係がありそうです。たとえば、グリムの「テーブルとロバと棍棒」では、息子たちはそれぞれ家具職人、粉屋、木地師の所に弟子入りして、一人前のあかしに親方から魔法の品物をひとつずつ貰って故郷へ帰ります。また「三人兄弟」では、兄弟はそれぞれ剣術、理髪、鍛冶の達人になって帰り、その技を披露します。

この話もその仲間ですが、三人目の息子が泥棒という特異な技を身につけたトリックスターとして語られるところに特徴があります。グリムの一九二番の話もこの話ですが、フランスでも特に人気のある話の一つです。

5. 占い師

むかし、びんぼうなお爺さんがいて、あちこち旅をして食べ物をもらい歩いていたのさ。ある夕方、どこに泊まったらいいかわからなくて、一軒の家の前に立った。そこじゃ、ちょうど主人が留守でおかみさんが司祭さんと遊んでたんだよ。おかみさんは、司祭さんと一緒に食べようって、揚げものの支度をしてた。

お爺さんが戸をたたくと、開けて中に入れてくれた。お爺さんは、長椅子に横になって寝たふりをしてたけど、ほんとは寝てなかった。おかみさんが、揚げものをしてるのをよく見てたのさ。二人は、お爺さんのことを気にもせず、フライを食べはじめた。寝てると思ったんだね。ところが、食べてるうちに主人が帰ってきたのさ。おかみさんは、いそいで司祭さんを屋根裏にかくして、フライをしまったんだよ。

主人は入ってくると、聞いたんだ。

「長椅子にいるのは、誰だい」

「行き場のないかわいそうなお爺さんよ。あたしが泊めてあげたのよ」

「そりゃ、いいことをしたね」

主人は、自分とお爺さんに食べ物を出すようにいったのさ。

「なにも支度してないの。なにが食べたい」っておかみさんが聞いた。

そして主人は、お爺さんにたずねたんだ。

「この革袋の中には、なにが入ってるんですか」

(実は、その中には蜂がいっぱい入っていたのさ。)

「このなかにゃ、占い師がはいってるんです」ってお爺さんが答えた。

「へえ」

「当たるかどうか知りたいですか。なにか占ってみましょうか」

「もちろん。やってみて下さい」

お爺さんは、棒をとると革袋をたたきはじめたのさ。そしたら、蜂がブンブンいいだした。お爺さんがそいつに耳を近づけると、主人が聞いたんだ。

「占い師はなんていってますか」

「戸棚のなかに、フライと……ぶどう酒とビスケットとボンボンがあるって言ってます」

「まあ、この人は気違いよ。こんな人のいうことを聞くの。なにを言ってるか自分でもわかっちゃいないのよ」って、おかみさんがいった。

「とにかく、見てみようじゃないか」

それでも、おかみさんは見せたくなかったんだよ。

主人が立ち上がって、じっと見て、戸棚をひらくと、占い師の言ったとおりのものがあるじゃないか。そこで二人はぜんぶ食べたんだ。おかみさんはすごく怒って、食べるどころじゃなかったのさ。

それから、お爺さんが言ったんだ。

「もっとなにか占ってほしいですか」

「ええ」

お爺さんは、また革袋をたたいた。そしたらまた蜂がブンブン言ったんだ。

「こんどは何ていってますか」って主人がたずねた。

「こんどは、上の屋根裏に悪魔がいるって言ってますよ」

「なんですって、悪魔ですって」

おかみさんは、怒って言った。

「この人は気違いよ。この家に悪魔なんているもんですか」

お爺さんは、いそいで上ってってったのさ。

「棒をお貸しなさい。わたしが行きますから」

主人は階段の下で待っていた。屋根裏部屋には敷物があって、司祭さんはその下に隠れていたんだ。けれども、お爺さんがその上からどんどん強くぶったから、たまらなくなって跳び出した。

「ほらほら、悪魔が下りてくよ」

お爺さんが、棒でひっぱたきながら叫んだんだ。司祭さんは、階段を下りて逃げようとしたけど、下には主人がいる。棒をもってさ。それで主人も司祭さんをさんざんひっぱたいた。半殺しの目にあわせて、やっと逃してやったのさ。

それで、次の朝早く、お爺さんは出発することになった。そしたら主人が言ったんだ。

「ところで、その占い師なんだが、ここに置いてってくれませんか」

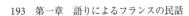

「そいつはできませんよ。こりゃ、あたしの飯のタネで、これで食ってるんですから」

「それがいるんです。なんでもほしいものをあげますから、置いてってくださいよ」

主人が、いうだけのものを払うと、お爺さんは発つまえにいったのさ。

「いいですか、占い師を使おうと思ったら、聞くまえに戸と窓をしっかり閉めるんです。それから、うまく行かないときには占い師の袋をあけてごらんなさい」

それで、お爺さんは出ていった。

主人は、昼のうちに近所の人たちを呼び集めたのさ。

「わたしは、占い師を家に持ってるんです。聞きにきてくださいよ」

部屋に人がいっぱい集まった。主人は、袋をたたくと耳をあてたのさ。占いはブンブンいっている。(そいつは、蜂がうなってたんだけどね。)

主人には、なんだかさっぱりわからない。ブンブンとしか聞こえないんだからね。「どうも調子がよくないから、開けてみます。戸と窓をしめてください。いいですか」

そして、そのとおりやってみた。そしたら、何日も前から袋に閉じこめられておなかを空かした蜂たちが、飛び出した。そして、みんなを刺しまくって、半殺しの目にあわせたんだ。

「ちきしょう、人殺しめ。だましたな。だけど、ただじゃあおかないぞ。見つけ出したら、ぶち殺してやる」って主人は言ったんだ。

そして、お爺さんを捜しにでかけたけれど、見つけ出すことはできなかったんだよ。

（コルシカ、一九五五年十月にカスタニチアのサンローラン郡カンビア市ロリアーニで、フランチェスカ＝マリア・ベルナルディーニ夫人［六十四歳の地主］がフランス語で語る。マシニョン編「コルシカの民話」所収。AT1535）

解説

見知らぬ人を泊めてひどい目にあう話です。

主人公のお爺さんは、最初のうちこそ行き暮れた旅人のそぶりをしていますが、家の主人が帰宅するとたちまち悪戯好きのトリックスターに変身します。そこには、ともかくも親切に家に入れてくれたおかみさんへの感謝とか、だまされた主人にたいする同情などはひとかけらもありません。「イエスとペテロのお礼」のパロディーとして、異人歓待のネガティヴを演じきっています。

主人の留守に男と遊ぶおかみさんもフランスの中世のファブリオーや艶笑譚の世界では人気者で、たいがい亭主のうらをかいて楽しんでいますが、今度ばかりはうまくゆかなかったようです。日常生活では謹厳な司祭が、好色で欲深で大食漢であるのも笑話の世界ではお決まりのパターンです。

アンデルセンの「大クラウスと小クラウス」やグリムの「小百姓」では、次に紹介する「ルネと領主」と同じタイプの話の導入部にエピソードとして組み込まれているので、AT1535に分類されるのが一般ですが、この話のような浮気な女房とその亭主の話としてはAT13

60にも近い話です。

6. ルネと領主

むかし、ルネって男がいて、女房と一緒にそまつな小屋に住んでたんだ。全財産たって、牝牛一頭しかなかった。その牛が死んじゃったから、皮でも売ってちょっとは金を儲けようって、となり町まで出かけたのさ。牝牛の皮をはいで、そいつを肩にしょって家を出た。牛の頭をとってなかったから、まるでマントみたいで、二本の大きな角がニョッキリつき出てた。

町に行くのに、森をぬけていかなきゃならん。ちょうどルネが通ったとき、泥棒たちがそれを見て、悪魔の親方が来たと思って、大いそぎで逃げ出したのさ。そこへ金をぜんぶ投げ出してさ。その金の山は高さがたっぷり六ピエ（一八〇センチ）以上あった。ルネは金貨を牛の皮につめて、道中をつづけたのさ。

町に着くとロバを一頭買って、ふすまを食わせてそのなかに金貨を少しまぜといた。それから、家に帰ったんだ。森をひきかえしながら、ルネはひやひやしてた。「朝は、おれがビックリさせてやったけど、夕方はおれがびっくりする番じゃないかな」って思ったのさ。でも、だれも姿をみせず、夜には小屋に帰りついたんだ。

次の朝、ロバの寝藁から金貨が見つかった。噂は村じゅうに広がって、領主の耳にもはいったんだ。領主はさっそくルネに会いにきて、言ったんだ。

「金をひるロバを飼ってるそうだが、本当かね」

「御領主さま、そのとおりでございます」

「いくらなら、譲ってくれるかな」

「二千エキュでいかがでございましょう」

「それは、いかにも高いが」

「御領主さま、毎日こんなに金を生みだすロバでございますよ」

という具合で、領主はちょっと頭がいかれてたから、二千エキュはらってロバを連れて帰ったんだ。間抜けな買い物をしたって、帰りの道みち女房になじられたけどね。

最初の日は、それでもロバはまだちょっと金をひったけど、次の日からはもうだめだった。領主はカンカンになって、ルネに文句をいってやろうと家を出たのさ。

ルネは、遠くからそいつを見ると女房に言ったんだ。

「あの取り引きのことで、領主がきっと喧嘩を売りにきたにちがいない。さて、どうしよう」

そう言いながら見ると、鍋が火にかかって沸きかえってた。そこで、あわてて火を消して、鍋をつかんで、煮たったまんま小屋の屋根の上にもってった。それから下におりてきて、スープの材料をきざみはじめたのさ。

ちょうどそこへ、領主が入ってきたんだ。

「気が狂ったのか。鍋を火にかけもせずにスープをつくるなんて」

「御領主さま、鍋は屋根の上にございます」

「この寒空に、屋根の上だって」（まったく、岩もわれるくらいのひどい冷え込みだったんだ。）

「御領主さま、あたしにはスープを火もつかわず、一瞬のうちに煮ちまう手だてがあるんでございます。御覧になりますか」

「ぜひ見たい」

領主はルネのあとについて、さんざん苦労して屋根にのぼったのさ。そしたらルネは、鍋に鞭をビシビシくらわせてから、ふたをとっていったんだ。

「どうです。煮たってるでしょう。あたしはスープをつくろうと思ったら、この鍋を屋根にあげて鞭をくらわせればいいんです。すぐに沸きますよ」

「いくらなら、この鍋をゆずってくれるかね」って領主が聞いた。

「二千エキュでいかがでしょう」

「そいつは、いかにも高い」

「領主さまは、一年で薪代を千二百も支払っておいでです。こいつがどんなに安あがりか、お考えください」

領主は二千エキュはらって、鍋をもって城に帰ったのさ。そして、また女房にひどく文句をいわれたんだ。

「まあ、ちょっと待ちなさい。不思議なことを見せてやるから」

領主は四人の召使にいいつけて、鍋を屋根の上にもっていかせて、鞭で何度もうたせたんだ。一生懸命やったから、すぐに上着を脱ぐくらいあつくなったけど、鍋のほうはいっこう煮たたなかったのさ。

領主はこの前より、もっとカンカンになってルネのところへ走ってった。ルネはそいつを見ると、豚の膀胱に血をつめて女房にいったのさ。こいつをベルトの下にいれときな。あとで、おれがこいつをナイフで刺すから、殺されたみたいに、地面に倒れるんだぞ。笛を吹いたら、すぐ立ち上がるんだ」

領主が入ってくると、ルネは小屋のなかで飛んだり跳ねたりしていたのさ。

「気が狂ったのか、こんなに踊りまわって」

「御領主さま、家内があたしと踊ります」

「いやだよ、ほんとに」って女房が答えた。そしたら、ルネは大きなナイフをとって、一撃くれたんだ。女は死んだように倒れて、膀胱の血がぜんぶ地面にながれたのさ。

「なんてことをするんだ　ろくでなし、女房は死んでしまったぞ。お前は縛り首だ」って領主が叫んだんだ。

「とんでもありません。こんなことで首をつられちゃたいへんです」

そういうと、笛をひとつ吹いたのさ。そしたら、たちまち女房は立ちあがって、一緒に踊りはじめたんだよ。

「まったく不思議な笛だ。いくらほしいかね」

「二千エキュです。御領主さま」

「ほら、二千エキュだよ」

そうして領主は、いそいで買い物を女房に見せに帰って、前よりずっとひどく罵《ののし》られたのさ。

ある日、領主は女房といっしょに火にあたりながら、笛を吹いて遊んでた。

「まったく嫌になるわ」って女房がいったのさ。「はやくお止めなさいよ」

すると領主は立ち上がってナイフをとると、落ち着きはらって女房をひと突きしたのさ。かわいそうな女は、床にばったり倒れちまった。そこで、領主はポケットから笛をとりだして吹いたんだ。だけどいくら吹いたって、女房は死んだままだし、生き返りゃしない。

すぐに馬車に馬をつけさせると、領主は二人の家来を連れてルネの家に行ったんだ。大いそぎでだよ！　そしてルネを捕まえると、手足をしばって馬車にのせ、水のたっぷり張った大きな穴にぶち込んでやろうとしたんだ。

ところがその途中で、領主と家来がちょっと馬車をおりて用を足してるところに、牛飼いが牝牛を連れて通りかかったのさ。そして馬車の中にひとりで縛られてるルネを見て言ったんだ。

「どうしたんだい」

「ああみんなが、おれをどうしても司祭にしようってんだ。読み書きもできないっていうのにさ」

「ほんとかい、そいつはおれにピッタリの仕事だなあ。読み書きは朝飯まえだ」

「それじゃあ、おれと交替しよう」

牛飼いは、話にのってルネを助けだすと、自分が馬車にのりこんだのさ。手足を縛られてね。それで、ルネは牛を連れて出発した。馬車が穴のところまで来ると、家来は牛飼いを連れてって、水の中へ放りこんだんだ。

それから少しして領主が家に帰ってみると、ルネが牛の群れを連れてやって来た。「御領主さま、あたしと牛をどうか一晩泊めてください」ってルネが言うんだ。

「なんだって。帰ってきたのか」って、領主が叫んだ。

「はい、御領主さま、あなたさまがもう少し遠くまで投げてくだされば、まだあちらにいたと思います。とにかくあたしの落ちたところからでも、金と銀をたっぷり積んだ六頭だてのりっぱな馬車が見えたんですから」

領主は家来と一緒にそこまで案内してくれってルネに頼んだのさ。穴のところまで来ると、ルネは「どうぞこちらに」って領主に言ったんだ。そして家来には「あちらにどうぞ」ってね。それから穴に突き落としたら、三人とも溺れ死んじゃった。

この冒険のあとで、ルネは村一番の金持ちになって、御領主さまにおさまったのさ。

（ロレーヌ地方、コスカン編『ロレーヌの民話』所収。ＡＴ１５３５）

解説

中世の韻文物語「ウニボス」によって古くから知られた話です。かつては宮廷や城の聴衆を前に、身振りとともに朗唱されたといわれています。

この話の主人公は貧しい農夫ですが、死んだ牛の皮のおかげで泥棒をだまして金貨を手に入れると、それ以後は徹底したトリックスターぶりを発揮して領主をだましつづけ、最後には彼を殺してその後釜におさまってしまいます。どこかピカレスク・ロマン的な味わいのある話で、ヨーロッパのみならず世界各地に広く分布しています。日本の「俵薬師」などもその類話のひとつです。

アンデルセンの「大クラウスと小クラウス」はこの話の伝承にもとづく優れた再話作品です。グリムの「小百姓」もこのタイプの話で、その冒頭には浮気な女房とその亭主をからかう「占い師」のエピソードが入っています。

7．仕立て屋と巨人

ある日、仕立て屋が、道端でクリームチーズのついたパンを食べてたんだ。そしたら、壁に蠅がとまってたから、一発くらわせて十二匹殺したのさ。それから急いでペンキ屋に行って、「ひと打ち十二殺し」って帽子に書いてくれって頼んで、旅に出た。

そうして森に着くと、巨人に出会った。巨人は、いきなりこう言ったのさ。

「ここへ何しに来たんだ。お前なんざ、おれの手の埃《ほこり》みたいなもんだ、髭の塵《ちり》みたいなもんだ」

けれども「ひと打ち十二殺し」って帽子に書いてあるのを見ると、「ほほう」って言って、「こいつとやり合うとやばいな」って思ったのさ。それで、一緒にお城へ行って、仲よく暮らそうじゃないかって言いだしたんだよ。

お城に着くと、二人はテーブルに着いて、巨人が仕立て屋に御馳走したんだ。食事がすむと、巨人はこう言ったんだ。

「おれと九柱戯をやろうよ。きっと面白いぜ」

「いいとも」って、仕立て屋が答えた。

九柱戯は、ピンがそれぞれ千リーヴル、ボールが二万リーヴルの重さがあるんだ。

「ピンが近すぎたり、遠すぎたりすることはないかい」って巨人が聞いた。

「すきなところにおけよ」って仕立て屋が答えた。

巨人がボールを軽々とあやつって、最初に投げた。そして、ピンを四つたおすと、ちびの仕立て屋に「お前の番だぞ」っていったんだ。仕立て屋は、ボールを持ち上げることだってできやしないってわかると、ボールをとるかわりに地面に倒れて、お腹をかかえて身をよじったんだ。

「腹が痛いんなら、ほら、家まで背負ってやるぜ」って巨人が言った。

「そいつはありがたいが、一人で歩けるよ」って仕立て屋は答えたんだよ。

九柱戯を楽しむ男たち

お城にもどると、巨人は体にいいからって、仕立て屋に一杯のませてくれた。

その頃、国中を荒らしまわってる猪と一角獣がいたんだ。王さまは、そいつを退治した者にお姫さまをくれるって約束してたんだよ。それで巨人は、その怪物と闘うために、仕立て屋といっしょに旅に出たのさ。

それで、仕立て屋はよく研《と》いだナイフを持って地面に寝てた。そして猪が通ると、ナイフを腹にふかく刺してすばやく身をひいたんだ。猪がたおれるときに、おしつぶされないようにね。そして巨人に言ったんだ。

「こいつを、王さまのところに持ってきな。お前は、まったく怠け者だ。なんにもしやしない」

巨人は、猪を背負って王さまのところへ運んでった。

「たいへんけっこう」って王さまはいった。「満足のいたりだが、まだ一角獣をやっつけなくちゃいけないよ」

二人は、また森にひきかえした。そして、まもなく一角獣に出会ったんだ。仕立て屋は木を背にして立った。一角獣が木のまわりをまわると、仕立て屋もまわる。そして最後に一角獣が飛びかかってくると、角が木にささって、抜けなくなったのさ。それで、ちびの仕立て屋はナイフをとると一角獣を殺して、巨人にいったんだ。

「お前は何もしなかったんだから、こいつを王さまのところへ運んでけ」

二人がやって来ると、王さまはすごく困ってしまった。なぜって、巨人も王女さまと結婚したがったからね。

「娘は、一人に約束したのに、お前たちは二人いる。娘をここに呼んでくるから、娘の気にいったほうを聟にしよう」

二人は、いっしょに王女さまの部屋に入ったんだ。王女さまは、ちびの仕立て屋が気にいった。巨人はあんまり大きすぎたし、醜《みに》くすぎると思ったからね。巨人は仕立て屋にすごく腹をたてて、殺してやるって言ったんだよ。仕立て屋は、最初は逃げようと思ったけど思い直して、夜中に大きなハンマーで巨人の家の扉をぶち壊しに出かけて言ったんだ。

「もし、おれが王女さまと結婚するのをじゃますれば、お前もおなじ目にあわせてやるぞ」

それで巨人は、王女さまを譲って、逃げちゃったのさ。

仕立て屋は王女さまと結婚した。すごい宴会をしたけど、それからはもう巨人を見かけないね。

（ロレーヌ地方、コスカン編『ロレーヌの民話』所収、ＡＴ１６４０）

解説

体は小さいけれど、知恵で巨人をだまし、怪物を退治するトリックスターの話です。いわゆる「魔法民話」と違って、怪物退治に不思議な魔法の品物や援助者は登場せず、主人公には生まれつき授かった超自然的な力がありません。あるのは、主人公の勇気と知恵だけです。

民話の世界には、この話のほかにもグリムの「大男と仕立て屋」「旅歩きの二人の職人」のように仕立て屋が主人公として登場することがよくありますが、これはかつて仕立て屋が遍歴職人として町や村をまわり、民家の軒先や土間などを借りて縫い物をしながらいろいろな世間話にまじえて民話を語り伝えたことと無関係ではないでしょう。

グリムの「勇ましいちびの仕立て屋」はこの話の類話ですが、ドイツではすでに十六世紀の笑話本にこのタイプの話が記録されています。

なお、九柱戯は古くから伝わるボーリングによく似たゲームです。

8．セル・マロー

むかし、男の子がいたんだけど、あんまり賢いほうじゃなかったのさ。

それで、母さんがこう言ったんだ。

「ちょっと市場へ行ってくるから、弟に蠅がとまらないように追っ払っといておくれ。槌《つち》でひっぱたいて、殺すんだよ」

母さんが行っちまうと、蠅のやつが弟の顔にまとわりついた。それで男の子は、槌をとって弟の顔に一発くれて、ぶち殺しちまった。

母さんが帰ってきて、ものすごく叱ってから、こう言った。

「マローの町へ行って、塩を買っといで」

男の子は（塩はこっちの言葉で「セル」って言うから）そいつを忘れないように、「セル・マロー、セル・マロー」ってずっと繰り返しながら行ったんだ。そしたら、結婚式に出《で》っくわした。（こっちの言葉じゃ「セル」は「くそったれ」、「マロー」は「ろくでなし」って意味もあるから、）みんなすっかり勘違いしちゃって、さんざん殴られちゃった。

それで、男の子は母さんのところへ泣いて帰って、話したんだ。そしたら母さんが、こう言ったのさ。

「そういうときには、『みなさんも御同様に』って言うもんだよ」

男の子はまた、『みなさんも同様に、みなさんも同様に』って繰り返しながら行ったんだ。しばらく行くと葬式とぶつかったから、「みなさんも御同様に」って挨拶した。

そしたら、葬式に来てた連中に、さんざんひっぱたかれたんだ。それで、母さんのところへ帰って、その話をした。すると母さんは、こう言ったのさ。

「そういうときは、お祈りをして、十字を切るもんだよ」

男の子はまた出かけた。もうしばらく行くと、刈り入れをしてる連中に出会ったから、お祈りをして、十字を切ったんだ。そしたら、みんなは刈り入れになにか呪いをかけてるんじゃないかと思って、ぶちのめした。それで、また帰ってきたら、母さんが言ったのさ。

「そういうときには、『御同様になりますように』っていうもんだよ」

男の子が、「御同様になりますように」って繰り返しながら歩いてくと、火事で燃えてる家に出くわしたんだ。それでまた、「御同様になりますように」って言って、みんなからたたかれた。家に帰ると、母さんが言ったんだ。

「そういうときは、火に水をかけるもんだよ」

男の子はまた出かけて、火をたきつけてるお婆さんにあった。そこで、水を捜してきて、火にかけたから、お婆さんはカンカンになってひっぱたいた。それで、また帰ってきたら、母さんが言った。

「そういうときは、柴をつっこんでやるもんだよ」

男の子はまた出かけて、バターをつくってるおばさんに出会った。それで、柴を捜してきて、バターの中につっこんだから、おばさんは思いっきりぶったのさ。それで、また帰ってきた。

母さんは、男の子に「お前にはお使いは無理だ」って言ったんだ。ちょっと知恵が足りないからね。それで、お婆さんのために火をおこしてあげなさいっていったんだ。暖まるようにね。

男の子は火をおこした。あんまりたくさんおこしたから、お婆さんは寝込んじまった。

「お婆さんは、まだ暖かくないのかなあ」って男の子はいって、お婆さんをつかんで火の中へ放りこんだ。それで、お婆さんがしかめっつらをすると、うれしそうに叫んだんだ。「来てごらんよ。お婆さんが暖かいって、よろこんで笑ってるよ」

（オーヴェルニュ地方、「RTP」誌、一九〇〇年所収。AT1695／6）

解説

民話の世界には、ロシアのイワン、ドイツのハンス、イギリスのジャックのように気のいい一方で、ちょっと足りない主人公が登場します。

この話の主人公には名前がありませんが、フランス各地で「ジャンの馬鹿」としてよく語られる話です。言葉の遊びや勘違いを中心テーマとする単純な構成の話が多く、短いエピソードをいくつも重ねて語るところに特徴があります。誰にもわかりやすく、語りやすい話です。日本の「馬鹿聟」の話群に属する「団子聟」や「いちょう見舞い」にもよく似ていますが、この他にも旅に出て麻の畑を海と間違えて泳いだり、自分の町を遠方の目指す町と取り違えたり、日本の話とよく似たエピソードがたくさん存在します。

こうした愚人譚が特定の町や村に結びつけられると、愚か村話になります。

9．二羽のウズラ

司祭さんが、ウズラを二羽もらって、お客さんを招待したんだよ。そいつを一緒に食べようってね。そしたらミサの最中に、その人がやって来た。

「なにか御用ですか」って召使い女が聞いたんだ。

「食事にやって来たんだ。司祭さんがウズラを御馳走してくれるっていうからね」

「司祭さんはミサをあげてますから、そこに腰掛けて待っっててくださいな」

召使い女は、台所にもどったんだ。

それで、ウズラがちょうどよく焼けたかどうか、ときどき味見してみるんだけど、あんまり味見しすぎて、ウズラがなくなっちまったのさ。そこで、待ってるお客さんのところへ行って、こう言ったのさ。

「うちの司祭さんは、へんな癖があって、誰かをお客さんに招待すると、耳を二つとも切っちまうんですよ。ほら、カミソリをといでる音が聞こえるでしょう」

たしかに、ちょうどそのとき司祭さんがもどってきて、カミソリをといでるところだった。それでウズラを切り分けるためにね。

「お逃げなさいよ」って、召使い女はお客さんに言うと、一も二もなかったね。

お客さんが行ってしまうと、様子を見に司祭さんが台所にやって来て、聞いたのさ。

「ウズラはどこだい」

「ああ、司祭さん、お客さんが二つとも持ってきましたよ。追いかけなさいよ。まだ間に合いますよ」

司祭さんは叫びながら、そとに飛び出した。

「おおい、せめて一つだけでも下さいよぉ」

お客さんは、耳のことだと思ったから、走りながら答えたんだ。

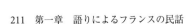

「どっちも、上げるわけにゃいきませんよぉ」

（ロレーヌ地方、コスカン編『ロレーヌの民話』所収。AT1741）

解説

グリムの「賢いグレーテル」の類話ですが、ドイツにはすでに十六世紀のハンス・ザックスによる記録があります。

フランスでもこの話は古くからよく知られていて、中世期のファブリオーに「ウズラの話」という類話があります。ここにあげた話とは逆に、百姓とその女房が司祭を食事に招待する話ですが、すでウズラと司祭と女という重要なモチーフは出揃っています。

日常の暮らしのなかの司祭は、知識もあり人々を導く立場なのですが、民話の世界では食いしん坊で好色で、女たちの知恵にはころりと騙されてしまいます。

日本の「和尚と小僧」の話群の食いしん坊の和尚とよく似た立場です。

10. こぶた

むかし、おばあさんがいて、こぶたを飼っていたんだ。こぶたは森の中に駆けこんで、ドングリを食べはじめた。たっぷり食べたころ、おばあさんは言ったんだ。

「こぶたよ、家に帰ろうじゃないか」

ところが、こぶたはいうことを聞かない。そこで、おばあさんは小犬のところへ行って、言ったんだ。

「小犬や、こぶたを噛んでおくれ。こぶたが家に帰りたがらないのさ」

すると、小犬は言ったんだ。

「こぶたは、ぼくに何にもしやしない。だから、ぼくも何にもしないよ」

そこで、おばあさんは棒のところへ行って、言ったんだ。

「棒や、小犬をぶっておくれ。小犬がこぶたを噛みたがらないから、こぶたが家に帰りたがらない」

すると、棒は言ったんだ。

「小犬は、ぼくに何もしやしない。だから、ぼくも何にもしないよ」

そこで、おばあさんは小さな火のところへ行って、言ったんだ。

「小さな火や、棒をもやしておくれ。棒が小犬をぶちたがらないから、小犬がこぶたを噛みたがらない。おかげで、こぶたが家に帰りたがらないのさ」

すると、小さな火は言ったんだ。

「棒は、ぼくに何もしやしない。だから、ぼくも何にもしないよ」

そこで、おばあさんは小川に行って、言ったのさ。

「小川や、小さな火を消しておくれ。火が棒を燃やしたがらないから、棒が小犬をぶちたがらない。おかげで小犬がこぶたを噛みたがらず、それでこぶたが家に帰りたがらないんだ」

すると、小川は言ったんだ。

「小さな火は、ぼくに何にもしやしない。だから、ぼくも何にもしないよ」

そこで、おばあさんは小さな牝牛のところへ行って、言ったんだ。

「牝牛や、小川をのんでおくれ。小川が小さな火を消したがらないんだ。おかげで、火が棒を燃やしたがらないから、棒が小犬をぶちたがらない。それで小犬がこぶたを噛みたがらず、こぶたが家に帰りたがらないんだ」

すると、小さな牝牛が言ったんだ。

「小川は、あたしに何もしやしない。だから、あたしも何もしないよ」

そこで、おばあさんは肉屋に行って、言ったんだ。

「肉屋や、小さな牝牛を殺しておくれ。牝牛が小川をのみたがらないんだ。おかげで、小川が火を消したがらないから、火が棒を燃やしたがらない。それで棒が小犬をぶちたがらず、小犬がこぶたを噛みたがらないから、こぶたが家に帰りたがらないんだ」

すると、肉屋が言ったんだ。

「牝牛は、おれに何もしやしない。だから、おれも何もしないよ」

そこで、死刑執行人のところへ行って、言ったんだ。

「死刑執行人や、肉屋の首をつっとくれ。肉屋が牝牛を殺したがらないんだ。おかげで、牝牛が小川をのみたがらないから、小川が火を消したがらず、火が棒を燃やしたがらない。それで、棒が小犬をぶちたがらず、小犬がこぶたを噛みたがらないから、こぶたが家に帰りたがらないんだ」

すると、死刑執行人は肉屋の首をつろうとした。

そこで肉屋が言ったんだ。

「首をつられるくらいなら、小さな牝牛を殺そうじゃないか」

小さな牝牛も言ったんだ。

「殺されるくらいなら、小川をのもうじゃないか」

小川も言ったんだ。

「のまれるくらいなら、小さな火を消そうじゃないか」

小さな火も言ったんだ。

「消されるくらいなら、棒を燃やそうじゃないか」

棒も言ったんだ。

「燃やされるくらいなら、小犬をぶとうじゃないか」

小犬も言ったんだ。

「ぶたれるくらいなら、こぶたを噛もうじゃないか」

こぶたも言ったんだ。

「噛まれるくらいなら、家に帰ろうじゃないか」

それで、こぶたは家に帰り、だれも相手に悪さをさせずにすんだとさ。


（アルザス地方でストーベルが記録。「ＲＴＰ」誌、一八八八年所収。ＡＴ２０３０）

解説

民話のなかには、形式譚といってストーリーよりも語りの形式に重点のおかれた話のタイプがいくつかあります。たとえば「大きな蕪《かぶ》」のように、おじいさん、おばあさん、孫、犬、猫、ねずみなどがつぎつぎ登場して、やっと蕪を引き抜く話や、「ふとった狼」のようにはらぺこ狼が召使いや主人や家畜をつぎつぎ飲み込んで、最後にお腹がパンクして皆がゾロゾロ出てくる話などがその仲間です。

ここにあげた話は、イギリスをはじめヨーロッパ各地で人気のある「おばあさんと豚」の類話ですが、小犬、棒、火、小川、牝牛、肉屋と登場したさまざまの連中が、死刑執行人のところで折り返し、やっと一回りしておばあさんの願いがかなう、という構造に特徴があります。フランスでも数多く語り伝えられていますが、いずれも語りのリズムと言葉の繰り返しが生命の話です。

11. 赤いオンドリの話

「赤いオンドリの話をしようか」
「いいとも」
「『いいとも』って言っちゃあだめだよ」
「なんだって」
「『なんだって』って言っちゃあだめだよ」
「でも」
「『でも』って言っちゃあだめだよ」

（このやりとりが、いつまでも続く。辛抱できなくなった聞き手が「赤いオンドリの話」はしないのかと聞くと、こう言って話を閉じる。）
「ほら、これが、その赤いオンドリの話だよ」

（ロレーヌ地方、コスカン編『ロレーヌの民話』所収。ＡＴ２２００）

解説

これも形式譚のひとつです。話をいつまでもせがむ聞き手にうんざりした話し手が、最後にひとつしっぺ返しをしたり、その反対に語りの一番最初に語って聞き手をじらして、語りの場の雰囲気を盛り上げたりしたのでしょう。語りの途中にちょっとはさんで一休みしたり、場の雰囲気を変えたりするのにも効果があると思います。

この話は、ロレーヌでコスカンが記録したものです。同じフランスのモーゼル地方では「赤いこぶたの話」ですが、トランシルヴァニアでは「赤いオンドリの話」、クロアチア地方では「黒い熊の話」として、各地でさまざまに伝えられているようです。

トンプソンは、このタイプの話を「ひっかけ話」と呼んで、きっと言葉の遊びから生まれたのだろうと推測しています。かつては語りの場で大切な役割を果たした話のはずですが、記録はあまり多くありません。

12. 川を渡る羊たち

むかし、王さまにはお抱えのファブリオーの語り手がいたんだ。語り手は、とても楽しい話を語って、王さまを楽しませたものさ。

ある晩、床についてから、王さまは語り手を呼んで話を命じたのさ。ところが、語り手も眠いから、さんざん手をつくして、王さまに「お話よりももう眠る時間だ」ってことをわからせようとした。けれども、残念ながら、いくら理屈をならべても説得できないんだ。語り手は、いうことを聞くよりしかたない。あきらめて話をはじめたのさ。

陛下、むかし一人の男がいて、金貨を百スウもっておりました。この金で男は羊を買ったのですが、一匹が六ドニエでしたから、二百匹の羊が手に入ったのでございます。男は、羊を追いながら、いっしょに村に帰ってまいりました。ところが、雨がたくさん降ったおかげで、川が氾濫して、水が野にもあふれているのです。あいにく橋もございません。いったい、この羊

を連れてどう渡ったものか見当もつきません。さがし回ったあげく、小舟をいっそう見つけました。ところが、この舟はとても小さくて、小さくて、一度に一匹の羊を渡すのがやっとなのでございます。

ここで語り手は、ちょっと間をおいた。

「それじゃあ、最初の羊を渡してるときに、ほかのやつはどうするんだ」って王さまが聞いたのさ。

そしたら、語り手が答えたんだ。

「陛下御存知のとおり川は広く、舟は小さく、おまけに二百匹の羊がおります。これにはきわめて時間がかかります。連中が渡りきるまで、ひと眠りしようではありませんか。人や羊がその後どうなったかは、明日またわたくしが御説明いたします」

（イル＝ド＝フランス、メイラック編『昔語り』所収、刊行年不詳。ＡＴ２３００）

解説

この話も形式譚の一種で、「果てなし話」と呼ばれています。やはり語りの一番初めに語って、聞き手をじらし、踊りの雰囲気を盛り上げたり、その反対に語り疲れたときにおしまいの合図に語ったりします。この話の王さまのように、しつこい聞き手を諦めさせるためにはもってこいの話です。

語り手が「羊が一匹川を渡りました。そしてまた次の羊が……」と繰り返しているうちに、聞き手はすっかり退屈して眠くなってしまうのです。

メイラックの記録したこの話は、話というより形式譚の語りの解説のような味わいのある話ですが、かつては王さまはお気に入りの語り手を侍らせていたのです。フランスのルイ十四世、ロシアのイワン雷帝などは特に話がすきで、お伽衆の語りなしには眠れなかったというエピソードも残されています。

なお一スウは今でこそ日本の一文《もん》に似たはした金ですが、革命以前は二十分の一リーブルで十二ドニエにあたり、なかなかたいへんな金額でした。

第二章　『ペロー昔話集』とフランス民話の語り

1．グリゼリディス

民衆本の「グリゼリディス」

◆サリュース侯爵は、結婚することを望まず、青年時代をいかに過ごしていたか

アルプスの麓、イタリアのピエモンテ地方の豊かな国、サリュース侯爵の領地には、いくつもの良い町、城、それに沢山の人が住んでいる村があり、偉大な大領主たちに治められていた。中でももっとも偉大で高名な一族は、ゴーチエ・ド・サリュースと呼ばれ、国の領主権はその一族に属しており、良俗に満ちていた。侯爵は平穏のうちに臣下を従えることで、臣下から愛され、至る所でその評判を高めていた。

侯爵は気晴らしに狩りをして時を過ごし、狩りの他には何も気にかけていなかった。彼は度々《たびたび》人から意見されてはいたが、結婚することは全く考えていなかった。そのことは戦《いくさ》を避けるためにも、家臣たちをたいそう悲しませていた。

ある日、そのために家臣が集まり、侯爵に皆の願いを聞いてくれるように懇請した。そして一

人の領主が全国民の名においてこう言った。

「侯爵さま、あなたの寛大なお心は、私どもがあなたにお話をせねばならぬ時に、いつも自由に話す勇気を与えてくれます。あなたの臣下が皆そろってあなたに望んでいることを、私が代表してお願いするようにと私に依頼しました。それは、私が何か特別な力を持っているからではなく、常日頃あなたが私にお示しくださる好意を彼らは見ているからです。そのことについてはありがたく存じております。侯爵さま、そういうわけですから、あなたのお振る舞いの全て、ご発言はいつも私どもを喜ばせ、私どもはこのような侯爵さまに仕えていることをうれしく存じております。そして、その上に、もし私どもがあなたの次に国を治めることのできるご子息を目にすることができればどんなに嬉しいことでしょう。しかし、それが私どもの幸福に欠けている点です。そのことをあなたにぜひ認めていただきたいのです。あなたが結婚すれば、幸せは増すでしょうし、私どもにも大きな幸せをもたらすことでしょう。そしてもしも私どもにお相手の女性を探すことを命じるなら、私どもはあなたのご満足のいくように努めるでしょう」

すると、侯爵はこう答えた。
「皆のもの、お前たちは私が全く望んでいないことを私に強いようとするのか。私は自由に生きることが楽しいのだから、結婚はしないと決めているのだ。

各々の持つ全ての気質に合う相手を見つけるのがいかにむずかしいか、そしてその人にふさわしくない女性と結ばれた人物の生涯がいかに不幸かを考えてみるがよい。そしていかに結婚が疑わしいことか、思ってもみよ。もしも何かよい出会いが男にあるなら、全ては天にまします方の御旨《みむね》によるのだ。しかしあなた方の意向に添うように、皆のものよ、私は結婚しようではないか。そしてあなた方が私にふさわしい女性を見つけるという申し出については、私は皆の善意を嬉しく思い、その善意が心からの信頼と誠実さから生れたものと思う。しかし、もしそれがうまくいかなかったら、私は誰にも不平を言わないですむように、私の行ないをすべて神の助けにゆだねて、私自身好みに合う女性を一人選ぶことにしよう。神は私の友らの忠告と共に、私の魂が救済され心穏やかに生きることのできる結婚相手を私に与えるだろう。

しかし、私は今から皆のものが全て、私が妻に選ぶ女性を尊敬し、王妃として敬うことを望む。その女性があたかも世界でもっとも偉大な王の娘であるかのように」

侯爵が家臣たちの望みを聞き入れ、結婚することを何よりも望むと知って、家臣はみんな嬉しそうに、「たいへん安心しました」と答えた。話は決まり、代表者たちは侯爵に礼を言い、暇乞《いとまご》いをした。直ちに侯爵は結婚式の支度のために、側近を急《せ》き立て、その日を決めた。

◆いかにして、サリュース侯爵はグリゼリディスと結婚することを決めたか

城の近くに、住む人はわずかで、みなが慎ましく暮らしている小さな村があり、侯爵は狩りの

時に、たびたびその村を通っていた。その貧しい人々の中に、ジャニコルという名の男がいて、この世の富には恵まれていなかったが、とても善良だった。神の恩寵は裕福な家と同様に、貧しい家にも与えられた。

この男にはグリゼリディスという名の娘がいて、姿も顔かたちも優れていた。しかし彼女の徳の高さと行ないの良さとは、さらに彼女を際立たせていた。貧しい生活だったので、彼女は社交の喜びも宮廷の楽しみも知らなかった。

彼女の若さは健気な勇気に満ち溢れ、その清らかさは謙遜と善意をともなっていた。彼女は、わずかな羊を牧し、草を食ませながら手仕事をするという慎ましい稼ぎ貧しい父親を養って、貧しい暮らしをたてていた。娘の正しい行ないは、たいそう侯爵の気に入って、侯爵は狩りの折に、時々彼女を眺めていた。色恋とは違う、美徳と知恵を賛嘆する視線で、ますます彼女を見つめるようになった。侯爵はそういう自分に気づき、娘が十分に美しく見えたので、彼女を妻にしようと決心した。

1904年刊の『ペロー昔話集』挿絵

ある日、彼は言った。私はここから近いところで、結婚しようと思う若い娘を見つけた。近いうちに私の宮殿に連れてきたい。彼女をどのように立派に迎えることができるか、皆にも考えてもらいたい。私が皆との約束に満足だと言えるように、また皆も同様に満足だと言えるように。

貴族たちは、娘を尊敬し、自分たちの女王であり女主人として敬うよう努めると答えた。

それから貴族たち一人ひとりが盛大な宴を催す準備を始めると、侯爵はサリュースでかつて誰も目にしたことがないほど華麗な宴を準備して、近隣の貴族たち全員とともに、親族や友人たちを招待した。

侯爵は未来の花嫁のために美しいドレスをすでに作らせ、またいくつもの指輪や帯、そして宝石で飾られた美しい冠と高価な金銀財宝を用意し、高貴な女性にふさわしいと思われる全てのものを整えた。

結婚式と定められた日、宮殿は騎士、貴族、貴婦人と令嬢、町人およびその他の人々でいっぱいだった。そして誰も新しい侯爵夫人が誰なのかを知らないままに、晩餐が用意された。

◆いかにして、侯爵は娘を迎えるために、一行とともにジャニコルのもとに出向いたか

侯爵は、必要な全ての命令を与え終わると、参列者に言った。「諸君、奥方を迎えに行く時が来た。私と一緒に来てもらいたい」皆は、侯爵の計画に従うと答えた。

彼らは馬に乗り、村に向かって堂々と行進して行った。そして、グリゼリディスの父親のジャニコルの家の前に着いた時、彼らは頭上に水の入った壺を載せた娘に出会った。

こうしたことの全てを、グリゼリディスはまったく知らなかった。しかし、侯爵がその日に結

婚するはずだということは聞いていたので、女友達と侯爵夫人がやってくるのを見るために、急いで仕事を済ませていた。

彼女が家に入ろうとしていた時、侯爵が言った。「グリゼリディス、お前の父はどこにいるのか？」娘はとても恥ずかしくなり、こう答えた。「侯爵さま、父は家におります」侯爵は言った。「ここに来させなさい」そして馬から降りた。「わが友よ、私はあなたが忠実な臣下で、常に私を敬愛し、私の命じることには全て従うということを知っている。だからあなたに私の意志を伝えるためにここに来た。あなたの娘に結婚を申し込みたい。私に娘をくれてもいいかどうか考えてくれないか？」

この男はそれを聞いて驚いた。彼は自分がからかわれていると思った。そして恥ずかしさでまっ赤になって、侯爵に言った。「領主さま、私はあなたをお喜ばせしたいと思います。なぜならあなたは私の君主ですから」侯爵は言った。「家の中に入ろう。私はあなたの前で娘に話をしたい」彼は家臣たちに待つように言った。それからジャニコルのみすぼらしい家に入り、この貧しい娘が父親によく仕え、貧しさにも関わらず秩序を保ち、二人が侯爵を丁重に迎えたことに驚いた。

侯爵は家に入るとグリゼリディスに言った。「あなたは私の妻にならなければならない。喜んで受け入れてくれますか？」娘はその言葉を聞き、自分の貧しい家にこのような客を迎えてたいそう驚き、こう答えた。「領主さま、私はとるに足りない召使いならともかく、そのように大きな名誉にはふさわしくないということはよくわかっております。けれども、もしそれがあなたのご意志で、父の意志でもあるなら従わないわけにはいきません」

侯爵は言った。「よろしい。父上は、これが私の願いであるからあなたが私の忠実な妻になることを喜んでいるが、私は、あなたについても、あなたの意志が、あなたを妻とすると決めた私の意志と一致するかどうかを知りたいのだ。あなたが、いつも私の気に入るように努力し、何事にも不平を言わず、決して私に逆らわず、私の気にいることが全てあなたの喜びとなるようになって欲しい」彼女は侯爵にそうすることを約束してこう言った。「侯爵さま、私はすでに申しましたが、あなたの妻になる栄誉には値しません。あなたの召使いで十分です。けれどもそれが偉大なあなたのお気に召すのであれば、私はあなたの意志が私の幸福であるように神に祈ります。私はあなたにお約束します。私についてはあなたの意志に反することはいたしません。その時は私は死ぬべきでしょう」

侯爵は言った。「もうよい、十分だ」。彼は娘の手をとって外に連れ出した。そして家臣たちの前で言った。「諸君、私が妻にしたいのはこの女性だ。彼女も私を夫にしたいと思っている」それから、ずっと恥ずかしそうにしている娘の方を向いてこう言った。「あなたは私を夫にしたいか?」娘は彼に答えた。「はい、それがあなたのご意志でしたら」すると彼は言った。「私はあなたを妻にしたい」

すぐに彼は人々に告げた。「この方が侯爵夫人だ。私は皆が私に対するように彼女を愛し、敬うように命じる」そして彼女が少しも貧しく見えず、軽蔑されないように、彼女の服を脱がせ、この結婚式のために用意させておいた美しく豪華な衣装をつけさせた。身分の高い夫人たちが、彼女を高価な装身具で飾り、ブロンドの髪を整えると、侯爵はダイヤモンドを散りばめた立派な冠を彼女の頭上に載せた。

◆いかにして、サリュース侯爵は美しいグリゼリディスを妻としたか

グリゼリディスは、見事に着飾り、侯爵は彼女を馬に乗せ、その地方の婦人たちを伴わせて結婚式の行われる教会に連れて行った。そして特別に作らせた立派な指輪を与えた。教会での儀式が済むと、彼らは豪華な宮殿に向った。

結婚式は、あたかもフランス王の娘と結婚したかのように、華麗で盛大だった。彼女は顔立ちも姿も、すでに述べたように、美しかった。彼女はその全ての長所によって感じがよく見え、ジャニコルの娘にも羊飼いにも見えなかったし、農民の娘というより王の娘のように思われた。貴族たちは、侯爵がこのように立派な選択をしたことを讃えた。そして貧しさゆえに娘を軽蔑することなく、王女と同じように尊敬した。

グリゼリディスは、その賢さと優しさによってとても立派に振る舞ったので、家臣や近隣の人たちは誰もが彼女の魅力について語った。貴族たち、貴婦人たちは彼女を訪ねて来て喜び、満足して帰って行った。彼女は召使いの細々した仕事にも、国の大事にも、良き命令を与えた。

◆いかにしてサリュース侯爵は妻を苦しめ、その忍耐力を試そうと決心したか
——グリゼリディスが語った打ち明け話——

グリゼリディスは間もなく身ごもり、女の子を産んだ。侯爵と国の人々は男の子を望んでいたが、それでも盛大な祭典を行なった。

妻は、娘が離乳する年齢まで乳を与えた。それからしばらくすると、侯爵は妻の内に認めていた徳高い善良さと、夫に対する敬愛と従順な気持ちに満足できなくなって、彼女の部屋に入り、不満げな様子でこう言った。「あなたは今や立派な身分にふさわしく教育されていても、自分がいかなる出身であるかを忘れてはいない。しかし、私の騎士や男爵や紳士などはそうはいかない。彼らは、これほど身分の低い女と結婚した私に対して抱く軽蔑を隠すことができないし、女の子を生んだあなたに渋々我慢しているのだ」

こうした言葉をきいて侯爵夫人は少しも取り乱すことはなかった。けれども控えめに彼にこう言った。「侯爵さま、私をあなたのしたいようにしてください。私は最もとるに足りないあなたのはしためです。私はあなたが私に与えた栄誉に値しません。でもそれを望んだのはあなたご自身です」この答えはたいそう侯爵の気に入った。

それから程なくして、妻に一層試練を与えるために、彼はこう言った。「私の民はあなたが女の子を生んだことに我慢できない。私は彼らと平穏のうちに過ごしたいので、娘のせいで困ったことにならないように、民の意向に同意しなければならない。しかし、それはあなたには耐えがた

いことだろうから、私はあなたに告げずに同意しなかったのだ」

この話はグリゼリディスの心を突き刺す剣のようだったが、侯爵がこの話を終えると、彼女は嘆きつつも悲しみを表すことなく夫に言った。「私と哀れな娘はあなたに従います。あなたが私たちを意のままにできますように。あなたは私の心の中にとても深く刻まれているので、あなたのお姿と思い出を消すことができるのは死しかありません」

◆いかにして、侯爵は一人の臣下に娘を殺す命令を下したふりをして、娘を呼びにやったか
そしていかにして、娘をブーローニュの従妹のもとに送らせたか

侯爵は妻の返事を聞いた時、その忍耐力を尊敬し、自分の措置を後悔しながらも、そのことを喜んだ。彼は妻と別れてから、一人の家臣に幼い娘になすべきことを伝えた。そして、侯爵は家臣を秘かに妻のもとに送り、悲しそうな顔をしてこう言わせた。「奥さま、もし私が自分の命を救いたければ、主人の命令を実行しなければなりません。そういうわけでこれから私がすることをお許しください。あなたは聡明で、先見の明のあるお方ですから、これは侯爵さまのご命令だというとがお分かりのはずです。侯爵さまは万事において従われることをお望みだと承知しています。侯爵さまは私にあなたの娘を連れてくることを命じました。そして私は……」と言うと、もうそれ以上言葉が見つからないという風に何も言えなくなってしまった。

それを聞き、臣下の青白い顔を見ると、グリゼリディスは夫が彼女に告げた言葉を思い出し、

娘の首が切られることを疑わなかった。そこで勇気をふるい、本心を偽って、心の中に大きな苦悩を抱えながら、娘を抱きしめた。そしてしばらく娘を見つめて、祝福を授けた。家臣は娘をパニシュ伯爵のところへ連れて行った。伯爵は、心を込めて娘を育て、大領主の娘にふさわしく、全ての良い行いと正直さに満たされるように教育を施した。

◆いかにして、サリュース侯爵は息子を殺すふりをして、再び妻の忍耐力を試そうとしたか

この台風は過ぎたが、侯爵は妻を苦しめようと決めた残酷さを少しも和らげなかった。グリゼリディスは娘の死を確信し、胸が張り裂けそうで、絶望の中に突き落とされそうだったにも拘《かかわ》らず、そのことで少しも恨みを示さなかった。夫に対しては、自分の義務をつとめて明るく果たし、愛と奉仕を続け、彼がいる時もいない時も娘のことは何も話さなかった。侯爵も娘については妻に少しも話さなかった。そして妻の内に残された苦悩の跡を知るために、その態度に注意を払っていた。こうして彼らは四年を過ごし、侯爵夫人は可愛い男の子を産み、侯爵も人々もみなたいそう喜んだ。

その子が少し大きくなって、乳離れした時、侯爵は再び残酷な気持ちになり、自分の行ないにまだ満足ができず、前よりもさらに棘のある言葉で怒りを込めて妻に言った。「私の貴族や家臣たちが、この結婚に前から不満なのはあなたもよく知っているはずだ。子どもたちが生まれてからは彼らは前よりも一層不満をつのらせている。とくにこの子が生まれてからというもの、私は

どうしても彼らとともに過ごすことができなくなった。絶えず苦情を口にし口惜しがっている彼らをかつて見たことがない。彼らは義務を忘れて、こう言うほどだ。侯爵さま亡き後、我々貴族が貧しい農民のジャニコルの娘が生んだ息子に支配されるならそれもよかろうと。彼らは我々についてこんな風に言っている。だから、私はあなたと別れて別の妻を娶るように強いられている。そう言うわけだからその覚悟をしてもらいたい」。

グリゼリディスはそれを聞いてたいそう悲しんだが、「あなたは私の主人ですから、あなたの思いのままになさってください。息子についても同様です」と答えた。

◆いかにして、侯爵は別の女性と結婚したいという噂を広めたか

娘が生まれて十二年後、侯爵は、妻の忍耐に対して最後の試練を課す時が訪れたと考えた。彼は臣下たちの間に、グリゼリディスを離縁し、別の女性と結婚するつもりだという噂を流した。

侯爵夫人はこのことを知り、以前のように羊の番をするために父親の家に戻らなければならないと思い、自分が一途に愛する者が別の女性の手に移ると考え、大きな悲しみを心の中に感じた。そして断固として夫を支える覚悟をし、結婚に際して心を捧げた夫の慈悲を期待して、自分を慰めた。

グリゼリディスは言った。「私は、残りの命を終えるために、あなたの二番目の奥さまに妻の座を譲るために、父のもとに帰り、全ての衣裳、宝石、指輪をあなたのもとに置いてゆくことに同

意しますが、私にシャツを一枚だけ残してくれるようにお願いします」

◆いかにして、グリゼリディスはシャツ姿で父親の家に戻ったか

グリゼリディスは夫の命令に従ってシャツ一枚を残して着ていたものを全て脱ぎ、皆に別れを告げて宮殿を出た。裸足で帽子もかぶらず、こうして父親の家に戻った。

哀れな娘の父は、侯爵が自分の娘を妻にしたということを、決して信じることができなかった。だから、侯爵が望みを果たした後には、娘を送り返してくるだろうと、いつも危ぶんでいた。彼はいつもこのことを予期していたので、侯爵が娘と結婚した時に彼女が脱いだ古い衣装をずっととっておき、他の衣類は少しもなかったので、彼女のお供をしてきた何人かの家臣の前で、それを娘に渡した。老人は、家臣の嘆きを耳にしたが、娘は嘆きはしなかった。彼女は、すっかり窮屈になってしまった昔の衣服を着た。そして不満な様子を見せずに、供をしてくれた家臣たちに礼を言い、領主への愛と服従を願い、父親の家で慣れ親しんだ細々とした仕事にとりかかった。

◆いかにして、侯爵は新しい妻の部屋を飾らせるためにグリゼリディスを呼び寄せたか

侯爵はこれら全てを成し終えると、家臣たち全員にパニシュ伯爵の娘との結婚を決めたと発表した。そして結婚式のためにたいそうな準備をさせてからグリゼリディスを呼びに行かせ、彼女がやってくるとこう言った。「私の未来の妻は数日後に着く予定だ。だから私は付き人たちとも

1490年代イタリア絵画に描かれた「グリゼルダ」の帰還

ども盛大に迎えてやりたい。あなたも承知の通り、私はそのために部屋を飾り、必要な全てを整えることのできる者を他に知らない。そこで、誰よりも宮廷をよく知っているあなたが、必要と思うものを全て整えて欲しい。あなたが良いと思う領主や奥方を招待させなさい。そしてあなたが招待する人々と同じくらい、私の未来の妻と一緒にやってくる見知らぬ人達を迎えなさい。私の全ての家臣は、あなたがこの家の女主人であるかのように、あなたに従うだろう。そして結婚式の宴会が済んだら父親のもとに帰りなさい」。

結婚式の日がやってきた。グリゼリディスは貧しい服しかなかったが、丁寧に優しい笑顔で全ての客たちを迎えた。そして彼女を見た全ての人たちの目には、彼女が深い知性と慎ましさにあふれているように見えた。

◆いかにして、侯爵は子どもたちをブーローニュから呼び寄せ、娘を結婚相手と偽ったか、
そしていかに、グリゼリディスは名誉を回復したか

子どもたちは、ブーローニュで行き届いた教育を受け、娘はすでに十二歳、息子は六歳ほどに

なっていたので、侯爵は忠実な臣下をブーローニュのパニシュ伯爵夫人の館に遣わした。そして夫人が、この娘をサリュース侯爵の妻にするために連れて行くとだけ言うように、娘の正体を誰にも明かさないようにと頼んだ。

パニシュ伯爵は、侯爵の頼みを実行するために、ほどなく夫人と問題の子どもたちを連れ、大勢の従者を従えて出発した。そして先ぶれの従者によって告げられた通りの日の昼ごろ、サリュースに到着し、新しい侯爵夫人を待つ町の人々に囲まれた。誰もがこの若い王女の美しさに驚き、侯爵は何も失わなかった、ジャニコルの娘とは別の美質を備えている、と言った。

貴婦人たちは、ずっと、グリゼリディスを部屋に閉じ込めて置くか、あるいは彼女が以前着ていた衣服を与えるようにと、侯爵に頼んでいた。それは彼女の名誉のためで、こんなにも長い間、彼の忠実な妻だった女が、このお客たちの前で、このようにみすぼらしい衣装であってはならなかった。しかし侯爵は何もしようとはしなかった。

グリゼリディスは、娘とその弟と部屋でしばらく過ごし、娘の美しさと上品さに見とれ、二人をうっとりと眺めずにはいられなかった。晩餐が用意され、グリゼリディスに広間に導かれると、娘は国中の貴婦人や訪れたよその国の貴婦人たちの中央に座った。一方、グリゼリディスは何一つ足りないものがないように指示を与えることで忙しかった。

（原テキストの欠落）

◆いかにしてパニシュの伯爵夫妻は国に帰ったか

お祝いと楽しいことが数日のあいだ続いた後に、パニシュ伯爵夫妻は、この婚姻が再び落ち着いたことに大そう満足して国に帰りたくなった。しかし、その前に侯爵は彼らが果たしてくれた良き務めに感謝したいと思い、立派な贈り物をした。そして別れの挨拶をして、彼らはブーローニュに発った。侯爵と宮廷の貴顕は六里に渡って彼らに付き添った。

解説

これはシャルル・ニザール（一八〇八－一八八九）が、『（十五世紀から行商本検閲局が発足［一八五二年十一月三十日］するまでの）民衆本あるいは行商文学の歴史』（一八六四年）の第二巻に収めた「グリゼリディス」です。ニザールが指摘したように、この版には「美しく忍耐強いグリゼリディスが、再びもとの地位に戻り、侯爵の手で、父のジャニコルと共に、以前よりも大きな栄誉と勝利のうちに、迎えられた」という大切な最後から二番目の章が欠落していますが、それはおそらく植字工の手落ちで、この落丁版が十九世紀まで残された民衆本の最良のものだったのでしょう。

グリゼリディスの苦難の物語は、おそらくそれ以前にあったに違いない古い伝承をもとに、ボッカチオが『デカメロン』（一三四八－五三年）の最終話として作品化すると、それを友人のペトラルカがラテン語で語り直し、そのペトラルカから伝えられた話として、チョーサーが英語版を『カンタベリー物語』に収録し、ほぼ同時期にフィリップ・ド・メジエールがフランス語版を刊行するなど、わずかの間にたちまち文学作品を通してヨーロッパ中に広められていきました。

ニザールが記録した民衆本版「グリゼリディス」も、この文字伝承の強い影響を受けた、知識階級の作者の手によるものと思われます。この版の中で、侯爵が殺したと偽って子どもたちを預ける場所がイタリアのボローニャ（Bologne）ではなくフランスのブーローニュ（Boulogne）になっているのも、おそらく植字工のミスでしょう。

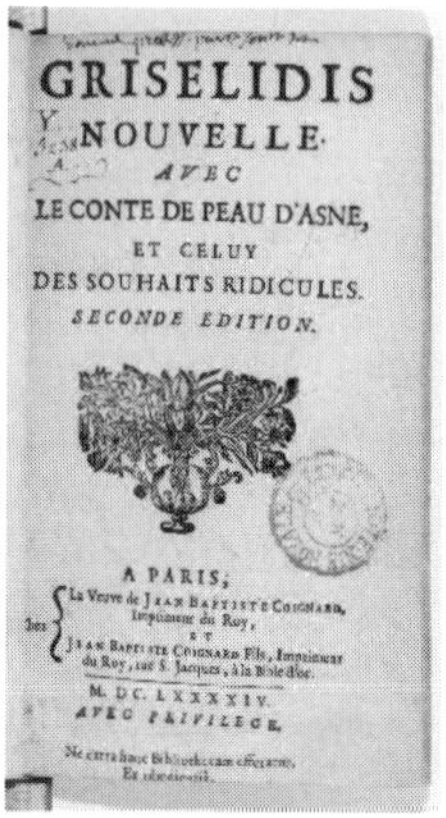

ペロー「グリゼリディス」
1694年第二版

その他のグリゼリディス（ヒロインの名前）、ゴーチエ（侯爵の名前）、ジャニコル（ヒロインの父親の名前）という固有名詞は、フランス語化されてはいますが、すべて『デカメロン』に共通しています。

ペローが、こうした固有名詞をヒロインのグリゼリディスと最小限の地名以外に使用することを避けているのは、この文学色の強い作品を、できるだけ口頭伝承の世界に近づけようとする努力の表れではないかと思われます。

2. ロバの皮

ロバの皮っ子

むかし、ひとりの男がいて、女房が死んじまったんだ。

しばらくたつと男は、もう大きくなっていた自分の娘に言ったのさ。

「お前は、わたしと結婚するんだよ」

「いやよ」って娘は答えた。

「そしたら、お前に星の色のドレスをあげるよ」

「いやよ、したくないわ」

「お前に、お日さまの色のドレスをあげるよ」

「いやよ、父さん」

「お前に、光の色のドレスをあげるよ」

「いやよ」

「お前に、飾りのついたトランクを買ってあげるよ」

それで、娘は承知したって言ったのさ。でも、ほんとは逃げ出すことしか考えてなかったんだ。そして一番きれいなドレスを選んで、トランクにつめた。トランクはどこにでも娘についてきて、海の上でも陸の上でも平気だったのさ。

父さんの家から出るときに、娘は皮をはいだロバを見つけた。そして、その皮を拾って着物の上からかぶったんだ。

それから、一軒の百姓屋の前に来ると、中に入って鵞鳥番はいらないかってたずねたんだよ。そしたら「ちょうどいい」って家の人がいって、娘に鵞鳥をあずけて野原に行かせたんだ。鵞鳥たちを連れてったところに、ちいさな小屋が一つあって、雨の降るときなんかそこで休むことになってた。娘は、きれいなドレスのはいったトランクをそこに置いたんだ。

ある日のこと、娘がお嬢さまみたいに着飾ってると、その家の息子が「お昼だぞ」って呼びにきて、ロバの皮っ子を見ちゃったのさ。（娘はそこでは、「ロバの皮っ子」って呼ばれてたんだよ。）小屋の中で、きれいなドレスを着てるのをね。

息子は、鵞鳥番の娘に夢中になっちゃって、母さんに娘と一緒になるっていったんだ。

「だめだよ」って母さんがいった。「あんな素性もしれない女を女房にするなんて、絶対にだめだ

エピナール画の「ロバの皮」

よ。糸紡ぎも編み物も、部屋のかたづけも料理も、ろくにできないじゃないの」

「いや母さん、おれはあの子と一緒になりたいんだ。それに、母さんが思ってるより仕事ができるかもしれないよ」

「それじゃあ、ためしてみようじゃないか」って母さんがいったのさ。

それで、ロバの皮っ子を呼んできて、もし部屋に用意した糸が紡げたら、この家の息子と結婚してもいいっていったんだ。

一人になると、娘は働かないで、泣きだした。なぜって、糸紡ぎを習ったことがなかったからね。そしたら、煙突から大きな目をした大きなおばあさんが下りてきて、いったんだ。

「そこでなんの仕事をしてるんだい、鵞鳥番の娘さん」

「糸紡ぎなのよ。でもあたしにはちっともできないの」

「あたしが、仕事をしてあげたら何をくれるかね」

「お昼のスープをあげるわ。あたしには、それしかないんですもの」

「いいから、スープはとっておきな。仕事はやってあげるから。そのかわり、結婚式に呼んでくれるって約束しておくれ」

ロバの皮っ子は承知したんだ。そしたら、たちまち糸はぜんぶ紡げちゃったのさ。それで、息子が娘に夕食をもってくると、仕事はみんな終わってた。

次の日、娘はもう一度おなじ部屋に閉じこめられて、毛糸と針をあてがわれて、靴下を編むことになったのさ。だけど、娘は昨日よりもっとがっかりしてた。それで、息子がお昼をもってきたときには、まだなんにも仕事に手がついていなかったんだ。

そしたら、また大きなおばあさんが煙突から下りてきたのさ。おばあさんは長い耳をして、ロバの皮っ子にこういったんだ。

「毛糸を編んであげたら何をくれるかね、娘さん」

「あたしのお昼をあげるわ」って娘は答えた。

「いいから、それはとっておきな。だけど、結婚式にあたしを招待するって約束しておくれ」

「ええ、もちろんよ。もしあの人のお嫁さんになれればね」

仕事は、あっという間に終わった。夕方、おかみさんが見ると編み物はとってもよくできてた。

三日目に、娘は部屋に閉じこめられて、料理をさせられた。だけど、息子がお昼をもってきたときには、まだなんにも始めていなかった。

そして、またおばあさんが煙突から下りてきたのさ。おばあさんはとっても大きな歯をしてた。

「そこで何をしてるんだい鵞鳥番の娘さん」

「お料理をしなさいっていうんだけど、あたしなんにも知らないの」

「仕事をかわりにやってあげたら、何をくれるかね」

「お昼のパンと食べ物をみんなあげるわ」

「そいつは、あたしのいつもの仕事さ。結婚式に呼んでくれるって約束しておくれ」

ロバの皮っ子がおばあさんに忘れないって約束すると、たちまちおいしい肉料理ができたのさ。

その次の日には、娘は箒で部屋を掃除するようにっていわれたんだよ。でも、お昼にはやっぱり何も始めてなかった。そしたら、煙突から大きな箒を背中にしょった大きなおじいさんが下りてきた。

「そこで何をしてるんだい鵞鳥番の娘さん」っておじいさんは聞いた。

「お掃除をしなさいっていうんだけど、あたしなんにも知らないの」

「部屋をかわりに掃いてあげたら、何をくれるかね」

「ここに、あたしのお昼がちょっとあるわ」

「そいつはいいから、結婚式の日に招待するって約束しておくれ」

「ええ、いいですとも。もしあたしが結婚できればね」

おかみさんと息子が、夕方やって来ると、部屋はきれいに箒がかかって、かたづいてた。それで試練は終わったんだ。母さんは、息子にロバの皮っ子と一緒になれっていったのさ。

結婚式の日。娘はあのきれいなドレス

『妖精の小部屋叢書』(一七八五-八九年)に収められた「ロバの皮」挿絵

をきて、約束を思い出したから、大声で呼んだんだ。「大きな目のおばあさん、いらっしゃい。大きな耳のおばあさん、結婚するわよ。大きな歯のおばあさん、式に出てちょうだい」

そしたら、三人のおばあさんはすぐに姿をあらわした。そして、テーブルに着こうってそのときに、ロバの皮っ子はいったんだ。

「ああ、おじいさんを呼ぶのを忘れてたわ」

そのとたん、大きな箒をしょったおじさんが、こういいながらやって来た。

「ちょうど間に合った。さもなきゃ、あんたは結婚できないとこだったよ」

（高ブルターニュ地方　一八七九年、サンカストの十三歳の少年水夫、ピエール・メナールが語る。セビオ編『高ブルターニュの口承文芸』所収。AT510B／502）

解説

ペローの「ロバの皮」の類話です。ヨーロッパにはグリムの「千枚皮」やジェイコブズの「とうしん草の頭巾」などたくさんの類話があり、ストラパローラやバジーレの編んだイタリアの民話集にも同じ話型の話が収められています。日本の「鉢かづき」や「うばっ皮」も同じタイプだといえるでしょう。

この話は、セビオが十三歳の少年水夫から聞いた話ですが、

「とうしん草の頭巾」の挿絵

きわめて簡潔で、後半にはAT501の「三人の糸紡ぎ女」がそっくり続いています。息子が嫁に選んだ娘に親が試練を課するのは、日本の「鉢かづき」の場合も共通で、語りはごく自然に展開しています。

「三人の糸紡ぎ女」もグリムをはじめ類話の多い話で、ことに北欧でよく知られています。煙突から不思議なおばさんや掃除人が下りてくるのは、「メリー・ポピンズ」を思わせますが、ほんらい暖炉は家のなかでも神聖な場所ですし、煙突は天上の世界に向かって開いた入り口でした。かつてはここを通って、サンタクロースをはじめ、さまざまな妖精や魔物や他界の住人が出入りしたのでしょう。

3．愚かな願い

酢のビンの中の夫婦

むかし、とっても長いあいだお酢のビンの中で暮らしている夫婦がいたんだ。しまいにゃ、すっかり飽きちゃって、亭主が女房にこういったんだ。

「ここで暮らしてるのはお前のせいだよ。ここから出られたらなあ」

「いんや、そりゃあんたのせいさ」って女房が答えた。ふたりは喧嘩して、ビンの中で追いかけっこを始めたんだ。すると、一羽の金色の小鳥がとんできて言ったのさ。

「そんなに喧嘩するなんて、なにかあったのかい」

「このビンの中の暮らしにうんざりしちまったのさ。あたしらだって、人なみに暮らしてみたいよ。そしたら、どんなにいいだろうね」って女房がいった。

　金色の小鳥はふたりをビンから出して、きれいな庭のついた家に移してくれたのさ。これがふたりの新しい住まいだっていってね。それから、手を叩いてそれを唱えりゃあ、いつでも呼び出せる魔法の呪文をおしえてくれた。

　お陽さまキラキラ、金の小鳥
　ダイアモンドの部屋の金の小鳥
　いつでもどこでも、金の小鳥

なん週間かすると、ふたりは納屋《なや》がついた大きな農家、厩と庭と畑、それに召使までほしくなった。そこで小鳥を呼び出して、望みを伝えると、たちまちそれもかなえられたんだ。

　お陽さまキラキラ、金の小鳥
　ダイアモンドの部屋の金の小鳥

いつでもどこでも金の小鳥

一年はそれで満足だった。けれども、それもあんまり長くは続かなかったさ。なぜって、町にいくたんびに大きなお屋敷やらりっぱな紳士方が目についた。ふたりは、町に出て、働きもせず暮らしたくなったんだ。さっそく、女房は金の小鳥をよぶように亭主にたのんだけれど、結局、自分でやっちまった。小鳥は、町で一番りっぱな家をくれたし、はやりの着物でいっぱいの衣裳棚だってついていた。けれどもまた、この満足も長くは続かなかった。ふたりは貴族になりたくなって、りっぱな城や屋敷や四輪馬車や金ピカの洒落たお供がほしくなって、こんどは亭主が小鳥をよんだのさ。

お陽さまキラキラ金の小鳥
ダイアモンドの部屋の金の小鳥
いつでもどこでも金の小鳥

小鳥は、ふたりが満足をしらないって、この頼みを叱ったんだ。

「貴族にするのは結構だけれど、ちっともいいことじゃないよ」って小鳥はいった。

そしてたちまち、りっぱなお城や四輪馬車やお供や馬なんかを出してくれたんだ。ふたりは、もう贅沢や珍しいものしか目にはいらなくなった。

ある日、ふたりが都の大宴会にでかけると、王さまとお妃さまがいて、金の馬車にのり、金の刺繍の服をきて、ずらりとお供をつれてたんだ。みんなが旗やハンカチをふって、お迎えしてた。

ふたりにゃ、これがまた頭から離れなくなっちまった。家にかえると、王さまとお妃さまになりたくて、これで最後と心にきめていったんだ。

　お陽さまキラキラ金の小鳥
　ダイアモンドの部屋の金の小鳥
　いつでもどこでも金の小鳥

ふたりがよぶと、小鳥はひどく不機嫌そうに、それでも願いをまたかなえてくれた。ふたりは、王さまとお妃さまになり、国を治め、たくさんの家来をかかえたんだ。そうして、異国の珍しくって、素敵なものをなんでもかんでも手にいれたのさ。けれども、いつでも物足りなかった。皇帝、法皇、そして神さまご自身にだってなれないもんかと考えた。

そうして、この最後の願いを口にすると、たちまち嵐がまきおこり、目の光った大きなくろい鳥が、まるで火の車みたいに窓から入ってきて、震えあがるような声でいったんだ。「ビンにもどって、酢づけになるがいい」

奇跡はぜんぶ消え失せて、亭主は女房ともどもビンに舞いもどり、ふたりはずっとそこで暮らしたってことだ。

（アルザス地方、ストーベルが記録し「ＲＴＰ」誌の一八八八年の号に所収。ＡＴ５５５）

解説

「漁師とその女房」という題名で世界中によく知られた話の仲間です。貧しい漁師が網を打つと不思議な魚がかかって、願いをかなえてくれます。漁師の願いは最初はつつましいのですが、女房の頼みもあって次第に際限なくふくらんでいき、ついには魚の怒りをかってすべてを失います。プーシキンの『漁師と魚の物語』はこの話のロシアの類話をもとにした韻文の作品です。

これはストーベルがアルザス方言で記録した話ですが、十九世紀の末にすでに共通語訳されて雑誌に紹介されています。夫婦が酢のビンという奇妙な住まいから出発して、結局またそこに舞い戻る仕掛けになっていますが、援助者の小鳥を呼び出す呪文を含めて、教訓的な色彩の少ない軽快な語りです。

ペロー『昔話集』の「愚かな願いごと」は、この話と同じくAT555に分類されてもよい話ですが、援助者がユピテルという「神」の仲間であると考えると次に紹介するAT750の類話として分類した方がよいでしょう。

アアルネ-トンプソンの『昔話の話型』もドラリュ-トゥネーズの『フランス昔話カタログ』も、このような分類基準の曖昧さを含んでいますが、それは口伝えの昔話の分類には避けがたいことで、こうした曖昧さは民話の比較研究の上では障害となることはありません。

むかし、人の好い夫婦がいて、男の子が一人しかいなかったんだけど、なにをやっても上手《うま》くいかず、とうとう毎日のパンにもこと欠くようになっちまった。

ある日、二人が道端に腰をおろしていると、むこうから情け深い神さまがやって来たから、二人は「いいお天気ですね」って挨拶した。すると神さまも丁寧に挨拶して、「ちょっと一休みってとこかな」って聞いたんだ。

「そうですとも、旦那さん」って二人は声を合わせて言った。「一生懸命働いたんで、疲れちまったんです」

「もし毎日食べるパンがあって、子どもにも食べさせることができたらいいなあ、って思うかい」

「もちろんですとも、ひどい目にもあわず、食べるものが手に入ったら、こんなにいいことはありません。でも、どうしたらそんな身分になれるんですかね。これまで、幸運というやつに出会ったことはないんです」

「そうかそうか、ここに一頭の牛がいるから、四本の脚を切り取りなさい。『牛の脚の御利益で』って祈れば、なんでも願いが叶うよ。でも、よく考えるんだ、願いは四つしか叶わないんだからね」

情け深い神さまが行ってしまうと、人の好い夫婦は大喜びで牛を連れて家に帰った。そして牛の脚を切り取ると、すぐにおかみさんが言ったんだ。

「牛の脚の最初の一つの御利益で、うちの息子がおとっつあんと同《おんな》じように髭がはえてくるように」ってね。

するとまあ、切られた脚はさっと牛にもどって、何事もなかったようにぴったりくっついた。そして、たちまち男の子の顔は髭だらけになっちまって、父親そっくりだが、悪魔みたいな顔つきに見えた。

すると、おかみさんは叫んだ。

「ああ、なんてひどい顔になっちまったんだ。このままじゃあ、みんなからからかわれちまう。もう外にも出られない。二つ目の脚の御利益で、もとの顔にもどしておくれ」

すると、たちまち男の子の髭は消えて、二本目の脚は何事もなかったようにぴったりとくっついた。

でも、亭主はものすごく怒って、おかみさんを怒鳴りつけた。

「このバカ女め。何かちゃんとしたものを頼むかわりに、八歳の子どもに髭をはやして、またそいつを元にもどすなんて、バカにもほどがある。三本目の脚の御利益で、尻に牛の脚がくっついちまえばいいんだ」

するとたちまち、牛の脚がおかみさんの尻にくっついて、三本目の脚はなにごともなかったように元の場所にぴたりとくっついた。

人の好い亭主は、すぐに自分の願いを後悔して、おかみさんに聞いたんだ。

「俺たちには、もうあと一つしか願いは残っていない。最後の願いをするのは俺だが、金貨と銀貨をいっぱいもらって、おまえの尻に張りついた足を金の細工で隠すってのはどうだい」

「いやなこったよ、金だろうが銀だろうが、このいまいましい脚を尻にくっつけて歩くなんて、とんでもないよ」っておかみさんは答えた。

「四番目の脚の御利益で、お尻についた脚を消しとくれ」

こう言うとたちまち、四番目の脚はなにごともなかったように元の場所にぴたりとくっついた。牛の四本の脚は、すっかり元にもどったんだよ。

こうして、四つの願いを授かった人の好い夫婦は、前より金持ちになることはなかったんだ。
ン、イ、ニ、ぼくの短いお話はこれでおしまい。

（高ブルターニュ地方、一八八三年にサンカスト生まれの十六歳の少年水夫フランソワ・マルケが語る。セビオ編『ブルターニュの愉快な話』所収。AT750A）

解説

これは、一八八三年に、ブルターニュ北西部の港町サン＝カスト＝ル＝ギルドでポール・セビオが、十六歳の見習い水夫のフランソワ・マルケから聞いた話で、セビオの『ブルターニュの愉快な話』（一九一〇年）に収められています。

この話では、人の好い夫婦の願いをかなえようとする援助者は〈情け深い神（Bon Dieu）〉ですが、中世のファブリオー（笑い話）集では「サン・マルタンの四つの願い」として知られています。サン・マルタン（Saint Martin）は、聖マルチヌス（三一六－三九七年）のことで、冬の寒さに凍える旅人に身につけていたマントを半分に裂いて施したことで、フランスの民衆の間にたいへん人気の高い聖人です。

ファブリオーの研究者のベディエは、この話を詳しく分析し、この語りが『パンチャタントラ』のようなインドの説話集起源ではなく、民衆の語りから生まれ、ヨーロッパ全域に様々の形の話として伝承されたとしています。

ステンドグラスに描かれた聖マルチヌス

フランス民話研究者のトゥネーズは、不思議な牛の四つの脚に願いをかける話はブルターニュによく見られるタイプで、願いのおかげで子どもが髭面になる話は、ペローが愛読しその一部を翻訳したファエルノの寓話にも見られると指摘しています。

4. 眠れる森の美女

眠れる森の美女

ある日のこと、仲間といっしょに狩りに出かけた王子さまが、森の中で鹿を追いかけているうちに道に迷ってしまいました。夜になって、森の真ん中でどうしようかと思っていると、遠くに灯《あ》かりがともっているのが見えました。

王子さまが、そっちを目ざしていくと大きな城壁に囲まれた大きな城がありました。王子さまがラッパを吹くと扉が開きましたが、門を守っていた怪獣には頭が七つもあって、おまけにライオンみたいに鋭い爪がはえた足がいくつもあったので、こわくて倒れそうになってしまいました。でも怪獣は襲ってくるどころか、王子さまに話しかけたのです。

「お城にお行きなさい、みなさんお待ちかねです。あなたをここにお迎えするために、妖精が、あなたを道に迷わせたのです」

王子さまがお城に入ると、立派な部屋がありました。そこには食卓が用意されていて、松明《たいまつ》を手にした小姓たちが椅子の後ろに控えていました。食卓のむこうには、お日さまのように美しい娘が腰掛けていて、こう言いました。

「ああ、やっと、その時がきたのね。いまから百年前に、やさしい妖精の代母が私に約束してくれたの。一人の王子さまがやってきて、私をこの城から連れ出して、結婚して下さるって。それが、あなたなんでしょ？」

王子さまは、この美しい娘を見て、考えました。

「百年もたったというなら、この人は、いったい何才なんだろ？」

ギュスターヴ・ドレの描く美女と王子

王子さまは、ベッドに入って眠ると、それからは毎日、食卓でたっぷり食べ、その後は、広いお庭を散歩しました。なにしろ娘は、お城の主人だったんですからね。
ある日、王子さまは、お父様が、自分の姿が見えないので、きっと心配しているだろうと思いました。すると、むこうから冠をかぶった女の人がやってきて、言いました。
「私は、あなたが毎日会っている美しい娘の代母です。私は、あなたがあの子を愛しているのを知っています。でも彼女を連れ出すには、門を守っている怪獣を倒さなければなりません。城の外に出るには、あの門を通らなければならないのですが、これまで出ようとした者は、みんな怪獣に食べられてしまいました。私は、あなたが勇敢な王子だと知っています。そして今晩、剣を一振り持ってきてあげましょう。しかし、かならず一太刀で七つの頭を全部切り落とさなければいけませんよ。切り落とされた頭は、すぐにまた生えてくるのです」

王子さまは怪獣のところに行きました。怪獣は、王子さまの姿を見ると、食べてしまおうと、七つの頭を伸ばしました。でも王子さまに剣を授けた妖精は、妖精の女王でした。妖精は、王子さまが身を守ろうとして腕を伸ばすと、剣が二メートルも伸びて、怪獣の七つの頭を一気に切り落とすように仕組んだのです。

その時、一羽の真っ黒なカラスが大きな柏の木から飛び降りてきて叫びました。

「私たちの王女ヨランドを救ってくださった、アーサー王のご子息バンザイ。あなたは、ヨランド姫を妻とするのです」

装いに一月余《あま》りもかかった、この婚礼ほど見事なものはありませんでした。すべての妖精が集まり、宴がすむと、怪獣の七つの頭が、大きなお盆にのせられて運ばれてきました。でも、七つの頭は黄金に変わっていて、妖精たちは、「これから七人の王子が生まれ、その一人ひとりが、洗礼のお祝いに黄金を一つずつ授かるでしょう」と予言したのです。

そして、その通りになりました。七つの黄金が与えられてしまうと、もう王子さまもお姫さまも生まれませんでした。王さまとお妃さまは、たくさんの孫たちにかこまれて、亡くなりました。

七つの頭の怪獣の城は、いまでも大きな森の真ん中にありますが、いまでは崩れ落ちた大きな城壁が残るだけです。

（ブルターニュ地方のアングーモワのアンベラックで、一九五九年に
ジュヌヴィエーヴ・マシニョンが記録。AT410）

解説

これは、ジュヌヴィエーヴ・マシニョンが、ブルターニュ地方のアンベラック村で、一九五九年に記録した話です。語り手のガナショーは当時七十四歳の農夫で、子ども時代に、ヴァンデ地方から移住してきた老人から、この話を聞いたそうです。この話に登場する七つの頭の怪獣は、ヨーロッパの民話によく登場するキャラクターです。スサノオがヤマタノオロチを退治して姫を手に入れる日本の神話にも、よく似ています。

フランスにかぎらず、ほかのヨーロッパ各地でも、「眠れる森の美女」の口伝えの話はきわめて少なく、『フランス昔話カタログ』にもわずか三話しか類話が見られません。ここに紹介したアングーモワの語り手の話が四つ目の類話です。

ペローが、バジーレの『ペンタメローネ』に収められた「日と月とターリア」の話を読み、強い影響を受けたことはおそらく間違いないでしょう。そしてそのペローの話とその話の影響を受けたグリムの話が、いずれもたいへんよく出来ていたので、ヨーロッパ各地に伝えられ、ついにはディズニーのアニメとなり、今日に至っているのだと思われます。

5．赤ずきんちゃん

娘と狼

ちいさな娘が、牝牛を二頭世話するために、奉公に出てたのさ。年季が終わって、家に帰るんで、ご主人がチーズひとかけとポンペット（パン菓子）を持たせたんだ。

「さあ、こいつを母さんに持ってきな。このチーズとパン菓子は、母さんのとこに着いたら、夕飯がわりになるだろう」

娘は、チーズとパン菓子をもってさ、森を通ってったら、狼にあったのさ。狼はこう言った。

「どこへ行くんだい、娘さん」

「母さんとこへ、帰るのよ。年季があけたからね」

「給金はもらったかい」

「ええ、もらったわ。それに、ちいさなパン菓子とチーズもくれたのよ」

「どっちを通って帰るかね」

「あたしは、ピンの道を行くけど、あんたは、どっちの道」

「針の道にしよう」

狼は走って、まず、母さんを殺して、食べちゃった。半分食べて、ようく火をおこして、残りの半分を火にかけて、しっかり戸を閉めたのさ。それから、狼は母さんのベッドにもぐり込んだんだ。

娘がやってきて、戸をたたいて、

「ねえ、母さん、開けてよ」

「あたしは、具合がわるいんだよ。寝こんでるのさ。起きて、開けてやるわけにはいかないよ。取手《シュヴィエット》をまわしてごらん」

娘が取手をまわして、戸を開けて、家の中にはいると、狼が母さんのベッドに寝てたのさ。

「具合がわるいの、母さん」

「ああ、そうなんだよ。お前はノステラから来たのかい」

「ええ、そうよ。パン菓子とチーズをくれたわよ」

「そりゃ、よかったね。あたしにも一かけおくれ」

狼は、一かけとって食べると、娘に言ったのさ。

「肉が火にかけてあるし、テーブルにゃぶどう酒があるよ。食べて、飲んだら寝床においで」

母さんの血をさ、狼のやつは瓶に詰めて、その横のコップに半分ばかり注いどいたんだ。「肉を食べな、鍋の中にあるよ。テーブルの上にゃ、ぶどう酒があるから、飲みな」って、狼は言ったんだ。

するど、窓のとこに小さな鳥がきて、娘が母さんの肉を食べてると、言ったんだ。

リ・タン・タン・タン・タン
お前は母さんの肉を食べて、血を飲んでるんだよ

「母さん、この鳥はなんて言ってるの」って、娘が聞くと、

「なんにも言っちゃあいないよ。さっさとお食べ。かってに、唄わせときゃいいのさ」

娘が、肉をあと一口食べて、ほんのちょっぴりぶどう酒をのんでると、小さな鳥がまた鳴いたのさ。

リ・タン・タン・タン・タン
お前は母さんの肉を食べて、血を飲んでるんだよ

「ねえ、母さん、この鳥はなんて言ってるの」

「なんにも言っちゃあいないよ。さっさとお食べ。かってに、唄わせときゃいいのさ」

そして、娘が食べて、飲みおわると、狼は言ったんだ。

「さあ、寝床にきておやすみ、おやすみ。たっぷり食べたら、今度はこっちへ来ていっしょに寝

絵本「あかずきん」挿絵・片山健画

るばんだ。あたしは、脚がつめたいのさ、あっためとくれ」

「すぐ行くわ、母さん」

娘は服をぬいで、母さんと一緒に寝ながら言った。

「まあ、母さん、なんてゴツゴツしているの」

「そりゃ、年のせいだよ、年のせい」

娘は、足にさわってみて、

「まあ、母さん、爪がずいぶん長いのね」

「そりゃ、年のせいだよ、年のせい」

「まあ、母さん、歯がずいぶんのびてるわ」

「そりゃ、年のせいだよ、年のせい。あたしの歯は、お前を食べるためなんだ」

そして、狼は娘を食べちゃった。


（ロワール県、一七九四年にアルデッシュのサント＝ウーラリー村で生まれたナネット・レヴェックによって一八七四年に語られる。彼女はロワール県のフレスに住む文盲の女性であった。「ヴィクトール・スミス手稿」による。ＡＴ３３３）

解説
一七九四年にフランスのアルデッシュ地方に生まれたナネット・レヴェックによって一八七

四年に語られ、ヴィクトール・スミスによって記録された話です。ナネットは読み書きができませんでした。

主人公が「赤ずきん」と呼ばれないことや、狼に勧められて母親の肉を食べ、血を飲んでしまうという残酷な展開には驚かされますが、これはおそらくペロー以前からフランスの各地に伝わる語りの特徴です。再話の名人であったペローは、ヴェルサイユの宮廷やサロンに集う人々にはカニバリスム（人食い）のテーマは相応しくないと考えて、削除してしまったのではないかと思われます。

この話には、ほかにも主人公を正しく導こうとする鳥の声や「ピンの道と針の道」という不思議な名前の二つの道など、たくさんの伝統的な語りのモチーフが登場します。娘が、遠くの村に年季奉公に出ていたり、年季明けの土産にチーズやパン菓子をもらったりするのも、かつての暮らしや民俗を知る上で興味深い話です。

お婆さんの話

むかし、パンを焼いた女がいて、娘にこう言った。

「焼きたてのエポワーニュ（小さなパン）とミルクを一瓶、お婆さんのところに持ってお行き」

そこで小さな娘は出発した。道が二つに分かれるところで、娘はブズー（狼人間）に出会った。

ブズーは娘に、「どこに行くんだい」って聞いた。

「焼きたてのエポワーニュとミルクを一瓶持って、お婆さんのところに行くのよ」

ブズーは、「お前はどっちの道をいくんだい。針の道かい、ピンの道かい」って尋ねた。

「針の道を行くわ」

「そうかい、それなら私はピンの道を行こう」

小さな娘は、針を拾って歩いて、道草をくってしまった。その間にブズーはお婆さんの家について、お婆さんを殺して、その肉を戸棚に入れて、血を一ビン洗い桶の上においた。そしたら娘がやって来て、扉をたたいた。

ギュスターヴ・ドレの描く赤ずきんと狼

「扉を引いてごらん」とブズーが言った。扉は、濡れたワラで鍵がかかってた。

「こんにちは、お婆さん。焼きたてのエポワーニュとミルクを一瓶持ってきたわ」

「それじゃあ、戸棚にしまっておくれ。なかに肉があるからお食べ。洗い桶の上にはブドウ酒が一ビンあるよ」。

娘が、それを食べようとすると、小さな猫が言ったんだ。

「なんて悪い子なんだ、お婆さんの肉を食べて、血を飲むなんて」

するとブズーが、「さあ、服を脱いで、ベッドに入って横におなり」って言った。

「私のエプロンは、どこに置いたらいいの」

「火にくべてしまいな。お前にはもういらないからね」

それから娘は、服をぜーんぶ、コルセットも、服も、ペチコートも、ショーツも、「どこに置いたらいいの」って聞いたけど、狼はそのたびに「火にくべてしまいな。お前にはもういらないからね」って答えたんだ。

ベッドに横になると、娘は言った。

「まあお婆さん、なんて毛深いの」

「それはねえ、よく身体を温めるためだよ」

「まあお婆さん、なんて大きな爪なの」

「それはねえ、しっかり体を掻くためだよ」

「まあお婆さん、なんて大きな肩なの」

「それはねえ、柴をしっかり背負うためだよ」

「まあお婆さん、なんて大きな耳なの」

「それはねえ、よく聞こえるようにだよ」

「まあお婆さん、なんて大きな鼻の穴なの」

「それはねえ、かぎタバコをよく吸いこむためだよ」

「まあお婆さん、なんて大きなお口なの」

「それはねえ、お前をよく食べるためさ」

「ああ、お婆さん、私は外に行っておしっこがしたいわ」

「ベッドでしておしまい、ベッドで」

「だめよ、お婆さん、外でしたいの」

「そうかい、すぐに帰ってくるんだよ」

ブズーは、娘の足に毛糸の紐を結びつけて、外に出してやった。

娘は、外に出るとすぐに、紐の端を庭のアンズの木に結びつけた。ブズーは、しびれを切らして「用は足したかい、終わったかい」って聞いたんだ。

そして、誰も答えないって分かると、ベッドの端から飛び下りて、娘が逃げてくのに気がつた。

ブズーは娘を追いかけたけど、あと一歩のところで、娘は家に逃げ込んでしまったんだ。


（ニエーヴル県の、モンティニー＝オー＝アモーニュ村で一八八五年頃にルイ・ブリフォーとフランソワ・ブリフォーが語り、アシール・ミリアンが一八八六－八七年刊行の雑誌「メリュジーヌ」の第Ⅲ号に掲載。ＡＴ３３３）

解説

これは、一八八五年頃に、フランス中央部のニエーヴル県モンティニー＝オー＝アモーニュで、ルイ・ブリフォーとフランソワ・ブリフォーが語り、アシール・ミリアンが記録した話です。

この話のヒロインにも名前はなく、狼のかわりにブズーという怪物が登場します。聞き手のミリアンが、語り手に「ブズーってなんですか」と尋ねると、語り手は「それはニヴェルネ地方の言葉で、ループルー（Loup-brou）またはルーガルー（Loup-garou）のことだよ」と答えたそうです。フランス語でルーは狼でルーガルーは「狼人間」のことですが、正体はよく分かりません。ニエーヴル県の地元に住むミリアンも「ブズー」という怪物についてはこの話でしか聞いたことがないそうです。

この語りの最大の特徴は、ヒロインが怪物を騙して逃げてしまうことです。このヒロインの逃走譚には、日本でよく語られる「天道さん金鎖」や「三枚のお札」のようなハラハラドキドキする山場が用意されている語りもあります。

6. 青ひげ

赤ひげ

赤ひげは、七回も結婚したのに、相手がつぎつぎ死んでしまうんだ。一緒になるとすぐにね。けれども、八回目の相手とは十年も仲よく暮らして、娘が二人、息子が一人できたんだ。ところが、十年目に、赤ひげは女房がすごく憎らしくなって、殺してやろうと決心した。

ある日曜日、女房が教会から帰ってくると、こういった。

「ジャンヌ＝マリー、お前を今日殺してやるからな」

「あなたと一緒になった時にきた、あの花嫁衣裳をきてもいいでしょう」と女房が答えた。「お前の部屋に上るがいい。だが早くしろよ。おれはいそいでるんだ」

着がえを始めるまえに、女房は扉をひらいて、ちいさな犬

1697年版「青ひげ」の挿絵

いってた。

を放ったんだ。犬の耳の中には、そこから少しいったところに住んでいる兄弟たちへの手紙がはいってた。

赤ひげは、その間に刀をとぎながら、唄ってた。

　とんがれ、とんがれ、わたしの刀

　二階の女房を殺すため

「準備はできたかい、ジャンヌ＝マリー」と赤ひげは叫んだ。

「いいえだめよ。まだペチコートを下につけてるところよ」

すこしたつと、また亭主がこう唄った。

　とんがれ、とんがれ、わたしの刀

　二階の女房を殺すため

そしてもう一度、支度ができたかと尋ねたんだ。

「いいえだめよ。いま靴下をはいてるところなんだから」

十五分たつと赤ひげがまた聞いた。

「もういいかい」

「いいえだめよ。いま髪をとかしているのよ」

三十分たつと、こう叫んだ。

「おれの刀は仕上がった。下りてこい、さもなきゃ捜しにいくぞ」

「もうちょっと待ってね。いま帽子をかぶるところだから」

女房が帽子をピンでとめながら、窓からそとを見ると、むこうの道を馬にのった男たちがやってきた。女房はそっちに合図した。

「こんどこそ、上がっていくからな。お前の始末は二階でつけてやる」

赤ひげがこう叫ぶと、

「あと一本、ピンをとめたら下りていくわ」

そうして、一分たつとこういった。

「用意ができたわ」

それから、ゆっくり階段を下りはじめたんだ。そしてちょうど下についた時、扉をたたく音がした。赤ひげは廊下にかくれたけれど、隊長がそれを見つけて、やっつけてしまった。ジャンヌ＝マリーは、子どもたちと家をでて、喪があけると、助けにきてくれたあの兵隊たちの一人と結婚したのさ。


（高ブルターニュ地方、一八七八年にドゥールダン出身でエルセ村に住む農家の下男ジャン・ブーシュリが語る。ポール・セビオ編『高ブルターニュの口承文芸』所収。ＡＴ３１２）

解説
一八七八年にブルターニュ地方ドゥールダン出身の下男ジャン・ブーシュリが語り、ポール・

セビオが『高ブルターニュの口承文芸』に納めた話です。「青ひげ」の類話ですが、青いひげの主人公は登場しません。ペローの見事な再話になれた目にはちょっともの足りませんが、昔語りの世界では主人公の鬚《ひげ》の色や、その有無についてはこだわらないのが普通です。

この語りには、またいわゆる「見るなの部屋」のエピソードも欠如しています。青ひげの留守に妻がこっそり禁じられた部屋をのぞくと、昔の妻たちの死体がぶらさがって血だまりをつくっているという、あの恐ろしい場面がないのです。そのかわり、妻が「殺されるまえに花嫁衣裳をつける」エピソードがクローズアップされています。本来ならかなり猟奇的ともいえるこの設定が、むしろ明るく感じられるのは、妻と殺人者の間に交わされる言葉が、唄のような軽やかなリズムをもっているためでしょう。

こうした繰り返しや、主人公のピンチを知らせる動物の存在などは、民話の語りの大切な特徴ですが、ペローは省いてしまっています。

7. 長靴をはいた猫

コスタンティーノと猫

ボヘミアに一人の女がいました。ソリアーナという名のたいへん貧しい女でした。息子が三人あって、一人はドゥソリーノ、もう一人はテジフォーネ、そして三番めは幸運児コスタンティーノと呼ばれていました。ソリアーナには財産といえるものはたった三つしかありませんでした。パンのこね箱と、パンをまるめるまな板、それに一匹の猫でした。

ソリアーナはもう年をとっていましたから、死ぬときがきたのを知って、息子たちに遺言をしました。

長男のドゥソリーノにはこね箱、テジフォーネにはまな板、そしてコスタンティーノには猫を残すというものでした。母親が亡くなって埋葬されると、近所の人たちは、こね箱やまな板を借りにやってきました。ドゥソリーノとテジフォーネはそのパンを自分たちだけで食べ、弟のコスタンティーノには分けてくれませんでした。兄弟が貧しいことを知っていたので、パンを作って分けてやろうというわけでした。コスタンティーノがなにかほしいとたのむと、兄さんたちは

カール・オフターディンガー（1829－89）の描く猫と長靴

「猫のところへ行けば、なにかくれるだろ」と答えるのでした。それで、かわいそうなコスタンティーノは猫といっしょにつらい思いをしていました。

その猫は不思議な力をもった猫でした。猫はコスタンティーノに同情していましたし、コスタンティーノにつらくあたる兄さんたちに腹をたててもいましたので、こういいました。「コスタンティーノ、悲しむことはありませんよ。あなたとわたしが暮らしていくぐらいのことはわたしがなんとかしてあげますよ」

猫はそういうと、家を出て野原へいきました。そして、眠っているふりをして、そばへやってきた野兎をつかまえて殺しました。それから、王さまの御殿へ行き、ご家来衆をみつけて、王さまとお話ししたいといいました。ご家来衆は猫が話をしたがっているということがわかると、王さまの御前へ通してくれました。そして、なにか用かときかれると、主人のコスタンティーノがつかまえた野兎を王さまにお贈りするようにと私を遣わしましたと答えて、その野兎を王さまにさしあげたのです。

王さまは贈り物を受け取ると、そのコスタンティーノというのはだれなのかとたずねました。

人柄も、美しさも、能力もだれよりもすぐれた方ですと、猫は答えました。そこで、王さまは猫をたいへん歓迎して、食べ物や飲物をたくさんくれました。猫はじゅうぶん満腹すると、前足で優雅に、だれにも見られないように、用意してきた袋の中にごちそうをいくらか詰め込み、それから王さまのもとをおいとまして、そのごちそうをコスタンティーノにもって帰ったのでした。兄さんたちはコスタンティーノが得意になって食べているのを見ると、自分たちにも分けてくれとたのみましたが、コスタンティーノはぴしゃっと断って、それまでの仕返しをしたのです。兄さんたちはそのことでコスタンティーノを妬むようになり、そのあとずっとその妬みに苦しむことになったのでした。

コスタンティーノは顔は美しかったのですが、今までのひどい生活のせいで、体じゅうに疥癬《かいせん》やら田虫《たむし》やらができていて、とても不愉快な思いをしていました。それで、猫といっしょに川へ行って、念入りに、頭の先から足の先までなめてもらったり、髪をすいてもらったりしたおかげで、二、三日のうちにいやらしいものはきれいさっぱりなくなってしまいました。猫はそのあともずっと、先にお話したように、王さまの御殿へ贈り物をもっていっては、主人のコスタンティーノを養っていました。でもそのうち、猫はあんまり何度も行ったり来たりするのに嫌気がさしてきましたし、王さまのご家来衆にもうるさがられるのではないかという気がして、主人にいいました。

「ご主人さま、もし、あなたがわたしのいうとおりになさったら、近いうちにきっとお金持ちになれますよ」

「どんなふうにするんだい」と、主人はききました。すると、猫はこう答えました。

「わたしといっしょにいらっしゃりさえすればいいのですよ。そうすれば、わたしがお金持ちになるよう、ちゃんと段取りしてあげますよ」

そこで、コスタンティーノは猫といっしょに、御殿のそばの川へ行きました。猫は主人の服をぬがせると、打ち合わせどおり、川の中に投げ込みました。それから、猫は大声で叫びはじめました。

「助けてください。だれか来てください。コスタンティーノ様が溺れていらっしゃいます」

王さまはその声を聞くと、コスタンティーノが何度も贈り物をしてくれたことを思い出して、すぐにご家来衆を助けにやりました。

水からあがって新しい服を着たコスタンティーノは王さまの御前に案内されました。王さまはよろこんでコスタンティーノを迎え、どうして川に投げ込まれたのかとたずねました。コスタンティーノは痛さのあまり答えることができませんでしたが、いつもそばにいる猫がかわりに答えました。

「お聞き下さい、王さま。あなたさまにお贈りしようとお持ちした宝石を、盗賊たちが狙っていたのでございます。盗賊は主人を裸にして、殺すつもりで川に投げ込んだのでした。でも、こちらのご親切な方々のおかげで助けていただいたのでございます」

それを聞くと、王さまはコスタンティーノをていねいにもてなすようにいいつけました。そして、コスタンティーノが美しい若者で、お金持ちだということがわかると、ご自分の娘のエリゼッタに黄金や宝石や美しい衣装をもたせて、妻として与えようと決めました。

結婚式を挙げ、お祝いの会をすませると、王さまは十頭のラバに黄金を積ませ、五頭のラバに立派な衣装を積ませて、おおぜいのお供をつけて、娘を夫の家に送りだしたのでした。

コスタンティーノは自分が名誉と富を手に入れたことはわかりましたが、妻をどこへつれていけばわからなかったので、猫に相談しました。猫はいいました。

「ご心配なさいますな、ご主人さま。なんとしてでもうまくやりましょう」

みんながたのしく馬で駆けて行くと、猫はおおいそぎで先に走って行きました。そして一行からずっと離れたところまで来ると、何人かの騎士たちに会いました。猫はその騎士たちにいいました。「お気の毒に、こんなところでなにをしてらっしゃるのですか。はやくお逃げなさい。今、おおぜいの人たちが馬でやってきます。あなた方に仕返しをするつもりですよ。ほら、もうそこまで来ました。馬のすごいいななきが聞こえるでしょう」

すると騎士たちはこわくなっていいました。「それじゃ、どうすればいいんでしょう」

そこで、猫は答えました。「こんなふうになさい。もし、あなたがただれの騎士かときかれたら、『コスタンティーノさまのです』と堂々とお答えするのです。そうすれば面倒なことにはならないでしょう」

そういって、猫はさらに先に行きました。そして羊やほかの家畜の大群に出会うと、その持主に同じことをいいました。その後、途中で会ったものにはみんな同じことをいったのです。

エリゼッタに付き添ってきた人たちがたずねました。

「あなたがたはどなたの騎士ですか。そのすばらしい家畜の群れはどなたのものですか」

すると、みんなは声をそろえて答えました。「コスタンティーノさまのものです」

花嫁に付き添ってきた人々はいいました。「それじゃ、コスタンティーノさま、わたしたちはもうあなたのご領地に入ったというわけなのですね」

すると、コスタンティーノはだまってうなずきました。なにを聞かれてもコスタンティーノがうなずくので、人々はコスタンティーノがたいへんお金持ちなのだと思いました。

猫はすばらしく立派なお城にやってきました。中にはわずかな人々がいるだけでした。

猫はその人たちにいいました。「なにをしているのですか、みなさん。とんでもないことが起ころうとしているのがわからないのですか」

「なんのことですか」と、お城の人々たちがききかえしました。

「一時間もしないうちに、ここへおおぜい兵隊がやってきて、みなさんをめった切りにしてしまいますよ。馬のなき声が聞こえませんか。埃が舞い上がっているのが見えませんか。もし死にたくなかったら、わたしの忠告をお聞きなさい。そうすればみんな助かります。もしだれかが、このお城はだれのものですか、ときいたら、幸運児コスタンティーノ・フォルトゥナートさまのものだと答えればいいのです」

それで、みんなはそうしたのです。堂々とした王さまの一行がお城に着いて、そこにいた番兵にききました。すると、みんなは力強く答えました。

「幸運児コスタンティーノさまのものでございます」

それから、みんなは中に入り、丁重にもてなされました。そのお城は勇士ヴァレンティーノさまのものでした。ヴァレンティーノさまは何日か前に、新しく娶った奥方を迎えに出かけたのでしたが、気の毒に最愛の奥方のところに着くまえに、途中で痛ましい事故に遭って、あっという間に亡くなってしまったのでした。それで、幸運児コスタンティーノがそのお城の主人におさまることになりました。それからまもなくボヘミアの王さまモランドが亡くなりました。すると、国民は、亡くなった王さまのおじょうさまであるエリゼッタの夫であるという理由で、幸運児コスタンティーノが王さまになるべきだと主張しました。

こうして、貧しく乞食のような暮らしをしていたコスタンティーノは、お金持ちになり、王さまにまでなったのです。そして、エリゼッタとともに長生きをして、王国に跡継ぎの子どもたちを残したのでした。

解説

これは、十六世紀ナポリの宮廷で活躍した文人ジョヴァンニ＝フランチェスコ・ストラパローラ（Giovanni Francesco Straparola 1480-1557）が『たのしい夜』（Le piacevoli notti）に納めた話です。『たのしい夜』は、日本ではあまり知られていませんが、そこにはペローの「長靴をはいた猫」や「ロバの皮」だけではなく、オーノワ夫人の「美女と野獣」、グリムの「泥棒の名人」「金のガチョウ」「二人兄弟」「正直フェルナントと不実なフェルナント」など、ざっと数えただけで二十ほどのよく知られたヨーロッパの民話の類話が、記録されています。ここに紹介した「コスタンティーノと猫」は、イタリア民話の研究者の剣持弘子さんの訳です。

ペローが、このストラパローラの作品を読んで「長靴をはいた猫」を執筆したことは、ほぼ間違いありませんが、ストラパローラの主人公の猫は長靴をはいていませんし、猫が知恵をふりしぼって対決する人食い鬼の城主も登場しません。こうした小さな工夫が、猫の冒険を際立たせ、ペローの作品を永遠の名作にしたのだと思います。

ストラパローラ

マルコンファールさん

むかし、マルコンファールさんていう名前の紳士がいたんだ。
この人は紳士だったけれども、小さな藁ぶき小屋ひとつと、にわとり二羽しか財産がなかった。

この二羽のにわとりの生む卵を食って、やっと暮らしてたんだな。

ところがある日、狐の親方がそこを通りかかって、にわとりを見つけて食っちまった。そうして、二、三歩あるき出したとこで、狐の親方は泣き声をきいた。ふり向くと、マルコンファールさんが嘆いてた。

「もう、おれは飢え死にだ。にわとりがなけりゃ、死ぬしかない」

気の毒になって、狐の親方はそこを出て、長いあいだ歩いた。そして、王さまのお城の前までやってきたんだ。それから、そのままずっと入って、まっすぐ王さまのとこにいった。

「陛下、あなたにとてもお目にかかりたがっている紳士がおります。マルコンファール氏と申します」

すると、王さまはこう答えた。

「行って、来るように伝えなさい。私も会ってみたい」

狐の親方は、マルコンファールさんを探しにもどって、お城で王さまが待ってるって言ったんだ。

「ああ、とんでもない」って、マルコンファールさんは言った。

「からかっちゃ、いけないよ。そんなことができるもんか。おれのこんな格好を見たら、王さまはなんて言うだろう」

「ちっとも構わない、って言ってたよ」

『狐物語』写本に描かれた狡猾な狐

二人はそこで出発して、長いあいだ歩いたんだ。そしたら、お城が見えてきた。狐の親方は、あわててマルコンファールさんを茨の垣根におし込んだ。それでもう、服がすっかり破けちまった。

「なんで、茨なんかにおし込むんだ」って、マルコンファールさんは道端にすわりこんで、大声で嘆いた。もう一歩も、先にゃあ行かないってね。

狐の親方はそこで、たった一人で王さまのお城へいった。それから、そのまままずっと入って、まっすぐ王さまのところにいった。

「陛下、マルコンファール氏をお連れしましたが、馬があまり馴れておりませんで、途中の道で私どもを窪地に放り出してしまいました。ちょうどそこに茨の垣根がありまして、マルコンファール氏の着衣がすっかり裂けてしまいました。氏は、そのような格好ではとてもお目にかかれないと申しております」

そこで、王さまは一番りっぱな着物をもってくるように命令したんだ。

「これを持っていって、着るようにいいなさい。それから、厩によって、一番よい馬を選んで、私の一番りっぱな馬車をつけて連れていきなさい」

狐の親方は、王さまの言ったとおりにして、道端にすわりこんで、両手で頭を抱えこんで嘆いてるマルコンファールさんの前にやってきた。たちまち、マルコンファールさんは王さまみたいに立派になったさ。

二人は馬車に乗り込んで、堂々と町に入って、お城にむかってったんだ。

「マルコンファールさん、ばんざい。マルコンファールさん、ばんざい」って、みんなが叫んだ。王さまもびっくりして、マルコンファールさんを丁重に迎えて、食事に招待した。食事の間、狐の親方は門のところに控えてた。食事がおわると、狐の親方は食堂に入ってきて叫んだんだ。

「助けてくれ。もうだめだ。敵の部隊が町に入り、お城にやってきた。やつらは、手当たりしだい盗んで、焼きはらってる」

「どうしよう」って、あわてた王さまがたずねたんだ。

「私でしたら、お城の中庭に山と積んである小麦のなかに隠れます。私なら、一族ぜんぶ引き連れていくでしょう」って、狐の親方は答えた。

「それは、いい考えだ」

それから、マルコンファールさんにたずねた。

「あなたも一緒に来ますか、マルコンファールさん」

「それには、およびません。氏は私と一緒にのこって、どこかほかに隠れましょう。とにかく、お急ぎください。敵どもが『王さまとその一族をやっつけろ』と叫んでいるのが聞こえませんか。

早く、はやく」

王さまとその一族がぜんぶ隠れてしまうと、狐の親方はどこからか火をさがしてきて、小麦の山に火をつけた。

火と煙を目にして、みんなが駆けつけてくると、狐の親方はこういったんだ。

「見ろ。この小麦の山の中にゃ、五百匹以上のねずみがいるんだ。なかにゃあ、おれよりでかいのもいるぞ。おれが、火をつけたんだ。中で、ジタバタしてるだろ」

そこで、みんなは大笑いしたさ。

もう灰しかなくなっちまうと、狐の親方はみんなに言ったんだ。

「王さまとその一族は、逃げちまった。マルコンファールさんを王さまにしたらどうだい」

「いいとも、いいとも」って、みんなが叫んだ。

こうして、マルコンファールさんは王さまになったわけだ。そして狐の親方は、誰に遠慮もなく、毎日すきなだけ存分ににわとりを食うことができるようになったのさ。

（ドルドーニュ県、ギャロンヌ地方出身のロベール・ジャリによってペイザックで語られる。
クロード・セイニョル編『ギュイエンヌの昔話』AT545）

解説

クロード・セイニョルが『ギュイエンヌの昔話』（一九四六）に納めた話で、ドルドーニュ県ギャロンヌ地方出身のロベール・ジャリによって語られた話です。「長靴をはいた猫」の類話なのに長靴はもちろん猫も出てきません。かわって登場するのは、すばしこくて賢い狐ですが、イタリアとフランス以外の類話では援助者は狐が一般的で、猫が登場することはむしろ少ないようです。

狐は、マルコンファールさんにはとても優しいのですが、それ以外の者には持ち前の残酷なトリックスターとしての性格をいかんなく発揮します。ことに人のよい王さまは、徹底的にだまされ、焼き殺されてしまいます。ペローの話のように人食い鬼という悪役のスケープゴートが登場しないためか、結末はフランス革命時の殺戮にも似た昂揚を感じさせます。

8．妖精たち

井戸のなかの娘宿

むかし、ちいさな娘をかかえて後家になった女がいた。女は、やっぱり最初の女房との間に娘が一人いる男と一緒になった。この娘があんまり優しくて、いい子なのに、自分の娘が気むずかしくて、いじわるなので、女は嫉妬で我慢ができなかったのさ。そこで、娘をできるだけ家から遠ざけた。

ある晩、女はこういった。

「まったく性悪だね。どっかの娘宿へいって夜なべ仕事をしといで」

娘は、自分の糸巻き棒と糸巻きをもって、途方に暮れて家をでたのさ。でもどこへ行ったらいいか分からない。井戸のそばを通ると、思わず縁石のとこに屈みこんだ。と、驚いたことに、井戸の底に大きな明りと娘たちが見えて、びっくりした拍子に糸巻きがすべって、井戸の中におっこちてしまったのさ。

「どうぞ、神様が守って下さいますように」って言って、娘は縁石をこえて、跳び込んだ。するとたちまち、娘は、井戸の底の娘たちのすぐ側にいた。そして、そのうちの一人がこう言ったのさ。

ギュスターヴ・ドレの描く娘と妖精

「母さん、母さん、あたしたちと夜なべをしようって、ちいさな娘がひとり来たわよ。この子に何をあげようかしら」

「お前は、その子に何をしてほしいんだい」って、母さんが答えた。とってもきれいな人だった。

「虱《しらみ》をとってほしいわ」

そこで、娘は喜んで彼女の髪の中を捜しはじめた。

「何が見つかったかしら、娘さん」って、母さんが聞いた。

虱もなんにもありません
頭はとってもきれいです
「あんたの頭に、虱もなんにも付かないように、娘さん」

夜なべ仕事が終わって、娘が井戸から帰るときに、井戸の底の娘は母さんに聞いた。

「この子になにを授けてあげるの」

「この子が話をするたびに、口から金貨がこぼれるように」

娘が帰ってくると、まま母は不機嫌な声で叫んだのさ。

「いったい何処で夜なべをしてたんだい、この性悪娘が」

「井戸の中よ」

すると、ひとこと話すたびに金貨が口からこぼれだした。

「まあ」とびっくりしたまま母は叫んだ。

「もうお前は行ってはいけないよ、あしたは私の娘が行くんだよ」

そして次の夕方、まま母は井戸のほとりにいじわる娘をつれてって、井戸の底に明りが見えるの確かめると、糸巻きをなげて言った。

「どうぞ、神様が守って下さいますように」

「母さん、あたしたちと夜なべをしようって、ちいさな娘がひとり来たわよ。この子に何をあげようかしら」と井戸の底の娘が言った。

「お前は、その子に何をしてほしいんだい」って母さんが聞いた。

「虱をとってほしいわ」

ところが、娘は指のさきで彼女の髪にさわっただけだった。

「何が見つかったかしら、娘さん」って、母さんが聞いた。

「虱と疥癬《かいせん》だわ、奥さん」

「あんたの頭にも、虱と疥癬がつくように、娘さん」

すると、娘の頭はたちまち虱と疥癬でいっぱいになった。

夜なべが終わると、井戸の底の娘は言った。

「この子になにを授けてあげるの、母さん」

「この子が話をするたびに、おならが一つ出るように」

娘が家にもどってくると、母親はいそいで夜なべの話をきいた。けれども、井戸の底の贈物はしっかりかなえられていたので、母親はいかり狂って死んでしまった。いじわる娘も恥と怒りで間もなく死んだ。あとに残った者たちは、それからずっと静かに暮らしたのさ。


（ニヴェルネ地方、プーグ郡リニー生まれのスールドー未亡人が語る。）

（記録者アシル・ミリアン、「ＲＴＰ」誌、一八八六年所収。ＡＴ４８０）

解説

これは、アシル・ミリアンがニヴェルネで記録した話の一つです。ミリアンの記録は、後にポール・ドラリュの『カタログ』の貴重な出発点となりました。ペローの「妖精たち」やグリムの「ホレ婆さん」の類話ですが、娘たちの民俗を知るうえでも大切な話です。

かつて娘たちは秋の収穫期が終わると、それぞれ道具を携えて村の一軒の家に集まり、糸を紡ぎながら楽しい語らいの時を過ごしたのです。それは、仕事の場であり、男女の出会いの場であり、また民話の伝承の場でもありました。みんなが話を持ち寄り、語り合わせながら話芸をみがき、新しい語りを仕込んで帰ったのです。これは、日本の娘宿《むすめやど》の習慣とよく似ています。

娘が井戸の底で出会うのは、もちろん普通の人たちではありません。ことに「母さん」と呼ばれている美しい女は、ホレ婆さんと同じく他界の主でしょう。これに正しく対応した娘は富や幸せを得ますが、失敗するとひど

エピナール画に描かれた糸紡ぎの娘宿

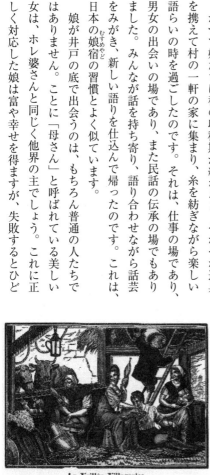

い目にあいます。

マルシャークの『森は生きている』も、この話の仲間です。

9. サンドリヨン

灰かぶり

むかし、金持ちの、まあ貴族がいて、娘が三人いたんだよ。上のふたりは、気位がたかくて、たかくてね。それから、三番目の子は気が優しいけど、馬鹿にされて、ほかの子みたいに遊ばないんだ。その子は、いつも暖炉の隅のとこにいてさ、「灰かぶり」ってあだ名で呼ばれてた。上の二人は、そとに遊びにいく時、いつも灰かぶりに言ったんだ。

「ほら、灰かぶり、あたし達といっしょに遊びにいかないかい」

「だめよ、もちろん行かないわ」

「まあ、灰かぶりったら。あんたは、そうやっていつまでも灰かぶりのまんまでいりゃいいのよ。いつだって、灰をひっかいて、暖炉の隅にいればいいんだわ」

父さんが、遠くの市場に行くことになって、娘たちに聞いたのさ。

「さあ、娘たち、なにを買ってきて欲しいかな」

そしたら、一番上の娘は、

「父さん、きれいなドレスを買ってきてよ。こういう色の、一番きれいなのをね」

つぎの娘もおんなじさ。

「それじゃあ、灰かぶり、お前には何を買ってこようかね」

「そうね、父さん、はしばみの実があったら、ひとつ欲しいわ」

「まあ、食いしんぼね。きれいなドレスより、食べ物がいいなんて、嘘でしょ。ほんとに暗いわね。かわいそうな灰かぶり」

父さんは、娘たちに注文どおりのものを買ってきたんだよ。二人の娘に、とってもきれいなドレスを二まい。とにかくとびきりのだったから、二人は得意でさ。それから、灰かぶりには、はしばみの実をひとつ。

エピナール画に描かれた内気なサンドリヨン

日曜がきて、二人の娘はきれいな着物をきて、灰かぶりに言ったのさ。

「あんたも、いっしょにミサに行かない？　ねえ、灰かぶり」

そうして、姉さんたちはミサにいっちゃった。

そこで、灰かぶりは急いではしばみの実をあけたのさ。そしたら、そこには素敵な馬に御者のついたきれいな馬車と、姉さんたちのより四倍もきれいなドレスがあった。それを急いで着て、馬車にのって、灰かぶりは姉さんたちよりも早くミサに着いちゃったのさ。そして、馬車が着くと、みんながうっとりそれを眺めて、

「いったい、あの馬車は誰のだろね、誰のだろね」

まあ、大騒ぎで……。灰かぶりは、教会へ入ったんだよ。

ミサが終わると、灰かぶりは馬車にのって、「さあ、急いでちょうだい」ってね。まあ、たちまち家に帰っちゃった。だから、そのきれいな娘さんが一体だれか、誰にも分からないのさ。

姉さんたちは、帰ってくると、暖炉の隅にすわっていた灰かぶりに言ったのさ。

「まあ、かわいそうな灰かぶり。ミサに来さえすりゃ、すっごくきれいなお嬢さんに会えたのに。その人の正体は誰も知らないし、あんなきれいな人は今までだれも見たことがないのよ。御者のついた二頭立ての馬車って、すごいわ」

「まあ、その人がどんなに素敵だって、あたしほどじゃないわ」

「灰かぶりったら、そこで何を言ってるの。あの人が、あんたほどじゃないって。ほんとに、何を言ってるのかしら」

さあ、それからまた次の日曜日がきて、またミサに行くことになったのさ。姉さんたちは、ま

た出かける前に灰かぶりに言ったのさ。

「灰かぶりったら、今日もミサにいかないの。あのお嬢さんを見ないのかい。きっとまた来るかもしれないよ。とっても素敵な馬車なのよ」

「ええ、あたしは行きたくないわ。いやよ」

「まあ、あんたは灰でもかいてりゃいいのよね」

そうして、二人がさきに行っちゃうと、灰かぶりははしばみの実をあけて、着物をきて、馬車にのって、また姉さんたちより早く着いたわけ。

そうすると、またみんながじっと見て、言ったんだよ。

「いったい誰だろねえ、誰だろねえ。あんなにきれいな馬車で、誰も知らないなんて」

ミサが終わると、灰かぶりは外に出て、馬車にのったのさ。ところが、馬車にのる時に靴をかたっぽ落としちゃったんだ。そしたら、ちょうどそれを王さまの息子が拾ってさ。いったい誰のもんだか分からないから、こう言ったんだ。

「ああ、なんてきれいな靴なんだ。この靴にピッタリあう人がいて、きっとこいつを素敵に履くんだろう。一緒になるぞ、その人と結婚するぞ」ってね。

まあ、それからお姫さまやら、お嬢さまやらがみんなやって来て、靴を試しに試したんだが、まったく見物《みもの》だったね。靴はどの足にもピッタリこない、さっぱりさね。誰にも履けないんだよ。

「ねえ、灰かぶり、あの人がまた来たんだよ、あのきれいなお嬢さんがさ。ほんとに、あんたが

サンドリヨンの靴のテスト

いたら、見られたのに。ほんとに、保証つきのきれいなお嬢さんなんだから」って、帰ってきた姉さんたちが言うと、

「好きなだけきれいにしてりゃあいいんだわ。あたしほどじゃあないいんだから」

それで、その靴を試すのは、また次の日曜日ってことになって、あっちこっちの国のお姫さまが全部やってきて、靴を履いてみることになったのさ。そして、灰かぶりもゆっくり出かけて、馬車にも乗らず、今度は灰かぶりのまんまでさ。

さて、お姫さまがみんな試してみたけど、その靴は誰の足にもあわないわけさ。で、灰かぶりが前に出て、履いてみると、まあ、型に合わせたみたいにピタリといったんだ。履けたんだ。それで、王子さまは、靴の履けたもんと一緒になるって言ってたもんだから、それが花嫁ってことになって、お姫さまやらみんなは顔を見合わせて、

「まあ、なんてこった。王さまの息子が灰かぶりと一緒になるなんて。灰かぶりと一緒になるなんて」って言った。

すると、灰かぶりがさ、はしばみの実をあけて、あの立派な馬車を見せたわけさ。灰かぶりがドレスを着ると、こんなにきれいなお姫さまは、もちろんほかにいないさ。それから、王さまの息子と一緒に馬車にのって、出かけた。それからは、灰かぶりは姉さんたちより、ずうっときれ

いだったということさ。

（ポワトゥー地方、ピノー編『ポワトゥーの民話』一八九一年所収。ＡＴ５１０Ａ）

解説

これは、レオン・ピノーが『ポワトゥー地方の民話』（一八九一年）に納めた話ですが、主人公は継子ではありませんし、けっして皆からいじめられているようにも思えません。むしろ強情でふてぶてしい印象すら与えます。こんな少女に、いきなり魔法のはしばみの実が与えられるのも不思議です。しかし、このエピソードを思春期の少女のもつかたくなさと、美しい大人の女性への変身の物語として読むと、少し理解が進むように思われます。灰にまみれて自分の殻にこもっていた少女が、成熟した愛に目覚め、美しく生まれ変わるのです。この変身の過程を少女の内面からのぞいてみると、こんな世界が見えてくるかもしれません。「きれい」であるか否かが人の幸せをすべて支配するような単純明快な世界です。

変身以前の少女が、いつも座り込んでいる暖炉の「灰」を「火・生命・死・再生・女の場」などさまざまな象徴の磁場として考えるのも楽しい作業です。

ペローの「サンドリヨン」も、もちろんヒロインの変身と成長が語られていますが、少し違います。そこには、宮廷の舞踏会と田舎町の教会のミサという華やかさの違いでもありますが、主人公の性格の違いもあります。

ポワトゥー地方のサンドリヨンには、援助者の妖精が出てきません。主人公の変身を助けるのは、主人公が自ら用意したハシバミの実です。ポワトゥーのサンドリヨンは、援助者の手を借りずに自分で自分の道を切り開くのです。

10．巻き毛のリケ

ベルナール嬢の巻き毛のリケ

グラナダのある大領主は、その生まれにふさわしい富を所有していたが、家庭の悩みを抱えていた。それはその富が満たす全財産を台無しにしていた。

彼の一人娘は美しさの全ての特徴を備えて生まれついたが、あまりに愚かだったので、その美しささえ、彼女を不快にさせることにしか役に立っていなかった。彼女の行動は優美さを示すのに何の役にも立たず、身体つきはほっそりしていたが、鈍重で、それというのも身体に魂が欠けていたからだった。

ママ（それがこの娘の名前だった）は、自分があまり賢くないことを少しも知らなかったが、なぜかはわからないながら、バカにされていると感じていた。

ある日、彼女がいつものように一人で散歩していると、地中からまるで怪物のように醜い男が現れた。その姿を見ると逃げ出したくなったが、男はママに言葉をかけて、呼び戻した。彼は言った。

「待ちなさい。私はあなたにとても残酷なことをお伝えしましょう。しかし、とても喜ばしいことを約束できます。

あなたはとても美しいけれど、誰もあなたに注目しないのは、あなたが何も考えていないからです。醜いけれど賢い私を役立たせないと、その欠点のせいで、あなたは私よりずっと劣ることになります。これがあなたにお伝えしなければならない残酷なことです。

でも、あなたの驚いた様子を見ると、私はあなたを傷つけまいと、心配しすぎたようです。このような提案をすることは不本意ですが、思い切ってお尋ねしましょう。あなたは賢くなりたいですか？」

「はい」とママは答えたが、まるでいいえ、と言ったかのような態度だった。

男は言葉を続けた。「よろしい、これがその方法です。〝巻き毛のリケ〟を愛しなさい。それが私の名前です。あなたは一年

1697年版に描かれた美女とリケの出会い

後に私と結婚しなければなりません。それがあなたに求める条件です。もしできれば、そのことについて考えなさい。もしできないなら、私があなたに言う言葉をいつも繰り返しなさい。その言葉があなたに考えることを教えるでしょう。では一年間さようなら。これがあなたの怠惰を追い払う言葉です。そして同時にあなたの愚かさを治すのです。」

「すべてに命を与えるあなた、
愛する人よ、愚かさを捨てるためには
愛することを学べばよいのだ。
私は準備ができている」

ママが、この言葉を口にするうちに、その身体はゆったりしてきて、様子は生き生きとして、行動はより自由になってきた。ママは繰り返した。彼女は父のところへ行き、起こったできごとを話し、ほどなく良識と才知を示すようになった。

これほど大きな、これほど素早い変身は、彼女の周りの人たちから知られないわけにはいかなかった。熱愛者たちがどっと押し寄せた。ママは舞踏会でも散歩でも、もう一人ではなかった。彼女はまもなく不実な人たちと嫉妬深い人たちを作った。世間は彼女についての噂で持ちきりだった。

彼女を愛らしいと思った全ての人の中に、巻き毛のリケより優れた者が見つからないはずはなかった。リケが彼女に与えた才知は彼女の恩人（リケ）にひどい仕打ちを返した。彼女が忠実に繰り返した言葉は、彼女に愛を吹き込んだ。しかしリケの意図とは逆の効果によって、リケのためにはならなかった。

ママを恋い慕う人びとのなかで、一番深く愛する者（リケ）は、優先権を持っているはずだったが、運命の側から見れば、彼が一番幸福というわけにはいかなかった。

こうして彼女の両親は、才知を娘に望むことによって娘の不幸を招いたが、いまさら才知を娘から奪うこともできないので、せめて娘の愛に対して慎《つつし》むように説教をした。しかし、若く美しい娘に愛することを禁じるのは、樹木が五月に葉をつけることを禁じるようなものだろう。彼女はアラダと言う名の恋人をもっとも愛した。

彼女はいかなる出来事によって理性が彼女にもたらされたかを、誰にも言わないように気をつけていた。彼女の虚栄は秘密を守ることに関わっていた。そのとき彼女は十分な才知を備えていたので、いかなる不思議によって才知が彼女に訪れたのかを隠すことの重要性を理解していた。しかしながら、巻き毛のリケが、彼女に考えることを教え、リケと結婚すると決断するために、彼女に与えた一年はほとんど終わりに近づいていていた。彼女は大きな苦悩と共に、その期限を眺めていた。彼女の才知、それは彼女にとって不吉な贈り物となっていて、いかなる悲しい状況からも逃げられなかった。永久に恋人（アラダ）を失うこと、その醜さしか知らないもの（リケ）の支配下に落ちること、それが多分一番無難な選択なのだ。どうしても手放したくない才知という贈物

ギュスターヴ・ドレの描くリケと地下の世界

を受け取る代わりに、その男と結婚の約束をしたのだ。これが彼女の悩みだった。

　ある日、ママが自分の残酷な運命を思って一人彷徨《さまよ》っていると、地下から大きな声が響いてきた。耳を傾けると、その声はリケが彼女に教えたあの言葉を歌っているではないか。

　ママは震えた。それは彼女の不幸の合図だった。たちまち地面が開き、彼女は少しずつそこに降りて行き、彼女そっくりの醜い男たちに囲まれた巻き毛のリケを見た。自分の国では見目麗《みめうるわ》しいものにずっと傅《かしず》かれていた者にとって、何という光景だったろう。彼女の苦悩は驚きよりもさらに大きかった。彼女は声を出すこともできず、とめどもなく涙を流した。声もなく涙を流すことが、巻き毛のリケが彼女に与えた知性の、たった一つの使い道だった。

　リケの方も悲しげに彼女を眺めて、言った。「マダム、私が最初にお目にかかった時よりも、あなたの目に醜《みにく》く映るということが、私にはたやすく理解できます。私はあなたに才知を与えて、私自身は才知を失ってしまいました。しかしながら、あなたはまだ自由です。あなたは、私と結婚するか、あるいはまた最初の状態に戻るか、選ぶことができます。私はあなたを、最初にお会いした時の状態で父上のもとにお届けするか、あるいはまた、この王国の女王にして差し上げましょう。私は小人たちの王で、あなたは女王です。そしてもし、あなたが私の醜い姿を気にすることなく、あなたの目の楽しみを犠牲にしてもよいとお考えなら、あなたには他のすべての喜びが与えられるでしょう。私は地下に財宝を隠し持っています。あなたはその持ち主です。そして黄金と才知があれば、不幸の埋め合せができます。私はあなたが何か誤った心遣いを示していないかと心配です。私が、所持する全ての財宝以上のものが、あなたの目に映ることを恐れています。しかし、もしも私の財宝があなたのお気に召さないなら言ってください。私はあなたをここから遠くにお連れしましょう。そこで私は、私の幸福を乱すものを何一つ望むことはないのです。あなたがその場所を知るためと、私の財産とあなたの財産について判断を下すために二日差し上げましょう」

巻き毛のリケは豪華な住まいに彼女を連れて行って、彼女を一人残した。彼女はそこで女性の小人たちに傅《かしず》かれた。その醜さは、男たちの醜さほど彼女を傷つけなかった。彼女は素晴らしい食事を供されたが、そこには楽しい食事の相手が欠けていた。夕食後、彼女は芝居を見たが、役者たちが醜かったので主題に関心が持てなかった。夜は舞踏会を催したが、やはりそこでも楽しめなかった。こうして彼女は死ぬほどうんざりしたので、もし愚かな昔に立ち返るという脅威がなかったなら、その富についても、楽しみについても、リケに感謝することはなかったにちがいない。

もしも彼女に恋人がいたなら、忌まわしい夫から解放されるために、彼女は喜んで愚かしさに逆戻りしただろう。しかし、そうすると最も残酷な方法でその恋人を失うことになるだろう。ママが小人と結婚すれば、恋人の前から彼女が姿を消すのは確かである。彼女はアラダに再会することも話しかけることも、居場所を知らせることすらできない。アラダは彼女の不実を疑うことができる。とうとう、彼女は愛する者から身を引き離して、親切ではあっても、ずっと忌まわしい者であり続ける夫のものになろうとしていた。しかし、リケは怪物だった。したがって、決断することは難しかった。

二日間が過ぎたが、彼女はやはり迷っていた。彼女は小人に、選ぶことはできないと言った。リケは、「それは私の意に反する答えです。それなら私は、あなたが選ぶことができない、最初の状態にあなたを戻しましょう」と答えた。彼女は震えた。自分の愚かしさを軽蔑して、アラダが去って行くだろうという考えが、彼女を激しく動揺させ、愛する人を諦めさせることになった。彼女は小人に言った。「よろしいですとも。あなたがそう決めたのですから、私はあなたのものです」

巻き毛のリケは少しも難しいことを言わなかった。彼は彼女と結婚した。そしてママの才知はこの結婚によってさらに増したが、彼女の不幸は才知に比例して高まった。彼女は怪物に身を委ねたことにおののき、これ以上一瞬たりとも彼と共に過ごすことが我慢できなかった。

リケは妻の憎しみにちゃんと気づいていた。そしてその憎しみに傷ついていた。彼は才知の力を誇りにしてはいたが、妻の嫌悪は絶えず彼の醜さをとがめ、女性と結婚を嫌悪させ、自分を外の世界へ導いた好奇心を憎悪させていった。

彼はしばしばママを独り残していた。そしてママは、考える力を取りもどしたので、アラダに自分が気が変ったのではないことを彼自身の目で確かめさせなければいけないと考えた。自分がここに来ることができた以上、アラダもここに来られるはずだ。とりあえずは、彼に手紙を書かなくてはいけない。小人に拉致されて姿を消したことを詫びなければならなかった。手紙を見れば、自分の誠実さが分かるだろう。恋する賢い女性に、不可能なことは何もない。ママはアラダに手紙を届ける小人を見つけた。

幸いなことに、忠実な恋人たちの時代はまだ続いていた。彼はママに忘れられて絶望していたが、苛立ってはいなかった。あらぬ嫌疑が、彼の心に忍び込むこともなかった。彼は嘆きつづけ、恋人を傷つけようとはせず、癒されようようともせず、死に瀕していた。

こうした気持ちでいるかぎり、ママの居所を知り、そこに来ることをママが禁じていなければ、アラダが命がけで彼女に会いに行くのは不思議ではない。

彼はママが暮らす地下へやってきた。彼はママを見ると、足元に身を投げ出した。彼女はアラダに、心をこめて愛の言葉をかけた。アラダは地上での生活を捨てて地下で暮らすことを、ママに認めてもらった。ママは、アラダに地下で暮らすことを望んでいたので、彼にたくさんのことを尋ねた。

ママの陽気さは少しずつ戻ってきた。そしてその美しさは、いっそう磨きをましたが、リケの愛は彼女を怯えさせた。リケはたいそう才知があり、ママの厭わしいと思う気持ちをよく知っていたので、彼の身につけた習慣が彼女の苦しみを和らげることができるとは思わなかった。

ママには自分をひけらかす軽率さがあった。リケは、自分がそれにふさわしいと思うには、知恵がありすぎた。彼は、自分の宮殿に姿のよい男が潜んでいることを知って、探索を試みたが、それ以上のことはしなかった。彼は追い払うことより、もっと巧妙な復讐を仕組んだのだ。

リケはママを招き入れて、こう言った。「私は不平を言ったり、非難をして楽しもうとは思わない。私はそれを男の間で分かち合う。私はあなたに才知を与えた時、才知を享受すると言った。あなたは才知を私に反して使った。しかし私は絶対にそれをあなたから奪うことはできない。あなたは、私があなたに課した掟に従ったのだ。しかし、あなたは私たちの協定を破らなかったが、それを厳密には守らなかった。お互いの意見の違いを分かち合おう。あなたは夜の間は才知を持つだろう。私は愚かな女は少しも望みはしないのだから。昼の間は、あなたを喜ばせる者のために、愚かになるだろう」

ママはこの時、才知の重さを感じていたが、ほどなく昼の間は才知を感じさえしなくなった。そして夜になると、彼女の才知が目覚めた。彼女は自分の不幸について熟考した。彼女は泣いたが、自分を慰めたり、彼女の知性が与えることができるはずの解決策を見つけることはできなかった。

次の夜、彼女は夫が深く眠っていることに気づいた。彼女は彼の鼻の下に眠りを深める草を置いた。それは彼女の望むだけ、眠りを長引かせた。彼女は怒りの対象を遠ざけるために起きた。夢想に導かれて彼女はアラダが住んでいる方に行った。アラダを探すというわけではなかったが、彼が彼女を探すのではないかという期待はあった。そしてママは、二人がよくおしゃべりをした小道で、アラダを見つけた。その小道で出会うことをアラダも心から望んでいたのだった。

ママは彼に自分の不幸の話をした。そして二人は、彼女が彼に話した喜びによって、打ち解けあった。

次の夜、二人は気づかれることなく同じ場所で会った。そしてこの暗黙のデートはとても長く続いたので、彼らの不運は新しい種類の幸福を二人に味わわせることになった。

ママの才知と愛は、アラダに一日の半分は才知が欠けていることを忘れさせ、心地よく過ごすための多くの解決策を与えていた。恋人たちが夜が明けることを感じたとき、ママは小人を起こしに行った。彼女は彼のそばに行くとすぐに、注意深く草を取り除いた。夜が明けると、彼女は愚かになったが、その間は眠って過ごした。

つかの間の幸せは、いつまでも続くわけにはいかない。眠りを導く葉は、いびきもかかせた。夢うつつの召使の小人が、主人にきっと何かがあったと思って、主人のそばに駆け寄って、鼻の下に置かれた草に気づき、それが主人の眠りを妨げると思って取り除いた。これが、一度に三人を不幸にした気遣いとなった。

一人であることに気づいたリケは、怒って妻を探した。偶然の悪戯か、彼の不運が、二人の恋人たちが倦むことなく永遠の愛を誓い合っていた場所に彼を導いてしまった。リケが何も言わずに、棒でアラダに触ると、彼はリケそっくりの姿に変った。そして、また何度か彼に触れると、ママはもはやアラダを夫と区別できなくなった。彼女は一人ではなく、二人の夫を見て、愛する者と厭う者とを取り違えることを恐れて、どちらに嘆きを訴えたらいいのか全く分からなくなってしまった。しかし、おそらく彼女は何も失うことはなかったはずである。恋人は、いずれは夫になってしまうのだから。

解説

これは「ベルナール嬢（マドモワゼル・ベルナール）」と呼ばれたカトリーヌ・ベルナール（一六六二－一七一二）が一六九六年に出版した『コルドバのイネス』に収めた話の一つです。プロテスタントの家庭に生まれたカトリーヌは一六八〇年に『シシリアのフレデリック』という処女作を出版するほどの早熟な少女でしたが、一六八五年にカトリックに転向したために堅実なプロテスタントの実家を離れて、作家として生きる道を選ぶこととなりました。以後、劇作家、詩人として存分に力を発揮し、十七世紀を代表する女流作家の一人となりました。

すぐれた劇作品を書き、アカデミーフランセーズから詩人としての栄誉賞を受けながら、彼女はレリティエ嬢のサロンに出入りし、妖精物語流行の先駆けとなり、ペローとも親交を結びました。このことから、ペロー研究の第一人者のマルク・ソリアノは、同時期に同じサロンで交流したはずのベルナール嬢とペローとレリティエ嬢の三人がほとんど同時期に「リケ」を書いたのは、作家が同じ主題のもとに腕を競い合う当時のサロンの「創作ゲーム」の結果であると主張しています。

しかし、児童文学の作者であり研究者であるジャンヌ・ロシュマゾンは、ベルナール嬢の作品がペローに先行していることから、ペローがそれを借用したのだとしています。

三人の作家の「リケ」を比較してみると、ベルナール嬢の作品とペローの「巻き毛のリケ」の間に強い親近性が伺われることは否めません。当時のサロンの好んだ主題をもとに三者が競作をしたというソリアノの主張には、いささか無理があるのではないでしょうか。

リカベル・リカボン

むかし、糸紡ぎもできない怠け者の娘をもった夫婦がいたんだ。ある日、母さんが娘をぶったら、娘が泣き出した。

そこへ王さまが通りかかって「どうしてお前は娘をぶつんだ」と聞いた。

「王さま、娘は糸紡ぎが上手すぎて、私のベッドのワラまで紡いでしまうんです」

「それじゃあ、お前さえよければ、娘を城につれていこう」

王さまは娘を馬に乗せると、お城につれてった。そして山のように亜麻の束が積まれた部屋につれてって、「こいつを、ぜーんぶ紡いだら、一年と一日後に王妃に迎えてやろう」って言って出て行った。

娘は泣き出した。ところが、とつぜん背丈が膝までくらいしかなくて、腕みたいに長い鼻をした小さなヤツが飛び出したんだ。そして、そいつが、「娘さん、どうしてそんなに泣いているんだい」って聞いた。

「王さまが、私に糸を紡げっていうの」

「そうかい、それじゃあ一年と一日したら、おれの名前を呼ぶって約束すれば、そいつはすぐに紡げちゃうよ。リカベル・リカボンってのがおれの名前だよ」

そいつが、持っていたバトンで亜麻の山をたたくと、ぜーんぶ紡げてしまって、そいつは姿を消した。

王さまがやって来て、仕事がぜーんぶ仕上がってるのを見ると「それじゃあ、結婚しようじゃ

糸紡ぎをする娘と魔物

ないか」って言った。

一年が過ぎ去った。六カ月の昼と六カ月の夜がね。そして若い王妃さまはだんだん心配になったんだ。なぜって、王妃さまはあの変なヤツの名前を忘れちまったからね。王妃はすっかり食欲もなくなった。そこで王さまは狩人たちにジビエ（野生の獣や鳥）をとりにやった。そしてその狩人の一人が真夜中にみんなから逸《はぐ》れちまって見つけたんだよ。大きな釜を火にかけて、その周りを鼻の長い小さなヤツが踊りながら歌ってた。

「おれの名前はリカベル・リカボン、リカベルが名前だよ。娘がそれを知ってれば、娘は安心。でも娘が知らなけりゃ、あの子はおれのもんさ」

狩人は、そいつを聞いて、来た道をとって返した。そして見て来たことを話したんだ。その噂を聞いた王妃は、狩人を呼び出して、もう一度その話を聞いたってわけだ。

さあ、これで安心だ。

あの老いぼれ野郎がやって来て、

「それじゃあ、おれの名前を当ててみな」

「あんたの名前は、リベル・リボン？」

「さあ、おれと一緒に来るんだ」

「リカベル・リカボン、リカベルがあんたの名前よ」

そしたら、そいつはすごく怒って、「おれが火の中に落ちたらいいか、煙に飲まれてしまえばいいか」って言った。

「煙に飲まれておしまい！」

そしたら、そいつは姿を消して屁を残した。その臭いにおいが三日も続いたってことだよ。

（ニエーヴル県のニヴェルネでアシール・ミリアンが記録。ＡＴ５００）

解説

これは、先に挙げた赤ずきんの類話「お婆さんの話」と同じく、フランス中央部のニエーヴル県でアシール・ミリアンが記録した話で、「援助者の名前（ＡＴ５００）」の仲間ですが、語り手は分かりません。

グリムの「ルンペルシュティルツヘン」やジェイコブスの「トムティットトット」などの類話で、ヨーロッパを中心に世界中に分布していて日本の「大工と鬼六」もその仲間です。フランス各地にも多数の類話が伝えられています。

ニエーヴル県のこの語りに特徴的なのは、①魔物が醜く、②その醜さが具体的に語られていること。③森や他界に住む奇怪な存在で、④リカベル・リカボンと名乗ること。⑤娘に欠けている知恵や技術を与える代わりに、⑥一年と一日という期日を限って再会を約束し、⑦再会の時に、もし娘が魔物の名前を忘れていた時には、⑧魔物と結婚することを約束させて姿を消すこと。そして⑨その一年の間に娘は魔物の名前をすっかり忘れてしまい、娘はピンチに陥るという、九つのモチーフです。

これら九つのモチーフは、ペローの「巻き毛のリケ」のモチーフ構成によく似ています。その類似点を勘案すると、この話がペローやベルナール嬢の話に影響を与えていた可能性は否定できないかもしれません。

11. 親指小僧

親指小僧・人食い鬼と子どもたち

むかし、貧乏な一家があって、七人の男の子をかかえてた。そのうち一人はとっても小さくて、みんなが「親指小僧」って呼んでたんだ。

ところが、この一家はとっても貧しかったから、子どもたちを養いきれなくなった。ある晩、夜なべ仕事の合間に、そら豆を煮ながら父さんがいったんだ。

「子どもたちや、この家を出てってくれないか。もうお前たちに一かけのパンをやることもできなくなったんだよ」

その次の朝、親指小僧は兄さんたちに囲まれて家をでた。まるで、ひよこを引き連れた雌鶏みたいにね。行く当てはないけど、とにかく道のまん中を歩いていった。そして、しばらくして、連中はやっと一軒の宿屋を見つけたんだ。一生懸命さがしたあげくにね。

そこで、入ってみると、おかみさんが出てきて、娘が七人いるんだが、亭主はきっとみんなを泊めたがるだろうって言うんだ。そして、待っていると、遅くなったんで、おかみさんはみんなを寝かしにやった。

ギュスターヴ・ドレの描く人食い鬼

それで、七人の子どもたちは、娘たちと同じ部屋に寝かされて、一つのベッドをあてがわれた。いっとくけど、この宿の主人はならず者で、人食いで、ことに子どもが好物だったんだ。しばらくすると、その人食いが帰ってきて、くんくん鼻をならしだした。まるでロバがカラス麦の匂いをかぐようにね。

「おや、あたらしい肉の匂いがするじゃないか」っていうんだ。

「いいえ、とんでもありませんよ。雌牛の残りと牡牛が半分、雌鶏が十二羽あるだけですよ。今朝、食べ残したでしょ」

「いいや、分かってるんだ。なにかあるぞ。さあすぐに言うんだ」ってならず者が言った。「ああ、どうしましょう。困ったわ。子どもたちが疲れてやってきて、泊めてほしいって頼んだんです」

「お誂《あつら》えむきだ」って、ならず者は叫んだのさ。まるでバターをなめた猫みたいに舌なめずりしてさ。そうして、大きな刀をとぎながら、こういったんだ。

「ちびっ子どもで、すてきな夕食ができるぞ」

台所でそんなことがあった時、いっとくけど、親指小僧は、イタチみたいに素走っこくて気がきくから、兄さんたちを寝かせといて、起き上がって、ゆっくりと、二十日鼠みたいに音もたてず、立ち聞きにでかけたんだ。ところが、ならず者の声が耳に入ったとたん、一度にまっ青になって、赤くなった。もう少しでかんな屑みたいに倒れるとこだった。とにかく、おおいそぎで、あのピカピカの刀から逃げなくっちゃ。

小僧は、七人の娘たちのベッドを見にいくと、モルモットみたいに眠ってた。そこで、ゆっくりと娘たちの頭からナイト・キャップをとって、兄さんたちの頭にかぶせた。それから、自分たちのやつをとってならず者の娘たちにかぶせると、さっとベッドの自分の場所にすべりこんだ。まるで子猫の間にもぐりこむ雌猫みたいにね。そして、眠ったふりをしてたのさ。

しばらくすると、さっきの戸のひらく音がした。それは、燭台を片手に大きな刀をもう一方の手にもった、あの人食いだった。人食いは、男の子たちのベッドへまっすぐにやってきたけど、娘たちのナイト・キャップに気がつくと、こう言った。

「やれ、あぶなかった。娘の頭を切りおとすとこだった」

それから、自分の子どもたちの寝てるもう一つのベッドにいったのさ。男の子たちのナイト・

キャップが目に入るやいなや、まるでお日様を見せられたフクロウみたいに目をしばたたかせたんだ。そして、大きな刀をふりあげて、七人の娘たちの頭を切り落とし、その場で食べちまうと、口のまわりをなめまわしながら、寝床にはいったのさ。ちょうど蜂蜜かなんかなめた時みたいにね。

こんなことがあったら、親指小僧と兄さんたちは、この家には一刻たりとも長居は無用ってことさ。いそいで着物をきると、ガラス窓から外に出て、家をあとにした。そして夜が明けるまで歩いたら、すっかり疲れちまった。

親指小僧が道の方をふり返ると、人食いが追いかけてくるのが見えた。まるで早駆けの馬みたいに早くね。というのは、そのならず者のやつが、ひと足で七里っていう大きな靴を履いてたからなんだ。けれども、すぐに男の子たちはみんな橋の下にかくれて、そいつをやり過ごしたのさ。橋を渡りきると、人食いは、捜してる相手が下にいるなんて知らないから、その上に横になってひと眠りした。まるでロバが藁の上で眠るみたいにね。

その間に、親指小僧は一休みするどころか、ネズミを狙う猫みたいに目をひからせてた。そして、いい考えがひらめくと橋の下から抜け出して、少しづつ、そうっと、人食いの足から大きな靴をぬがせたのさ。

それから、そいつを履くとおおいそぎであの宿屋にもどったんだ。兄さんたちには、じっとしてるように言ってね。

七里の靴のおかげで、風みたいに早く走って、小僧は自分たちを殺そうとした人食いのおかみさんのとこへ行って、前にでるとこういったんだ。

「こんにちは、奥さん、ぼくがどうしてここへ戻ってきたかお分かりですか」

「さあね、どうしてだい」って、おかみさんが答えた。

「というのは、御主人のお言いつけなのです。御主人はたくさんのならず者につかまって、この家にあるお金や金銀を全部もっていかなければ、殺されてしまいます。このことをできるだけ早く伝えるように、この大きな靴をかしてくれたんです」

これを聞くと、気のいいおかみさんは緑青をなめた猿みたいに顔をゆがめて、金細工だの、金銀だの、持ってるだけの宝ものをいそいで捜して、渡したのさ。小僧はそれを受けとると、兄さんたちのところへとって返した。人食いがあいかわらず寝ている間にね。

そして、いそいで橋の下をでると、はしこい小鳥みたいに素早く家に帰って、こんなにうまく手に入れた宝を父さんに上げたんだ。

親指小僧の父さんは、ロウソクの火みたいにきらきら光る金貨をみると、最初はズボンのボタンかと思ったけれど、そのうち金

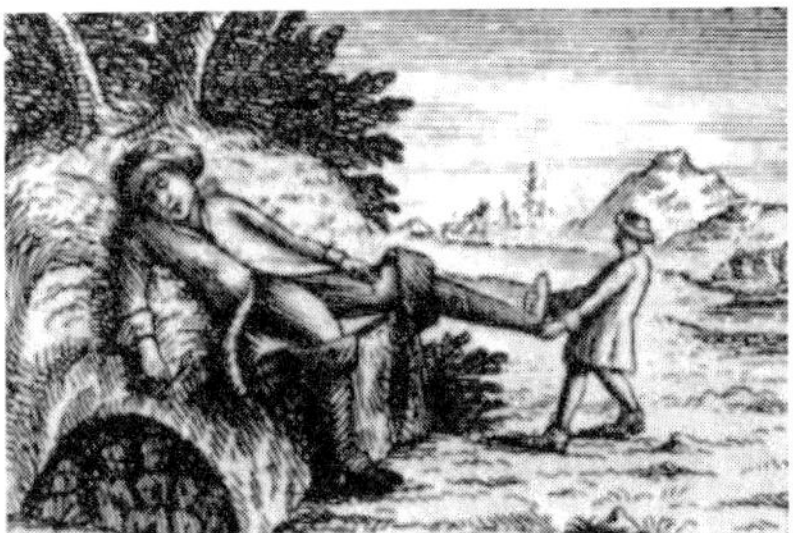
1697年版に描かれた七里靴を脱がせる親指小僧

銀のきらめきに気をとられて、あんぐり口をあけて涎《よだれ》をながしはじめたのさ。まるで、蛇をのみこむ蛙みたいにね。

さあこれで、話をおさめよう。親指小僧と家族たちはみんな、それからずっと幸せに暮らしたとさ。

チ・チ・チ・ちいさな話はこれでおしまい。

（サントンジュ地方、「Journal d' Oléron」誌一九〇六年所収。ＡＴ３２７）

解説

これは、フランスの大西洋岸にあるフランスで二番目に大きな島オレロンの「オレロン・ジャーナル」に一九〇六年に掲載された話ですが、残念ながら語り手は分かりません。オレロンのあるサントンジュ地方の方言で記録されたたいへん比喩の多い語りです。

この語りには、ペローの話の影響を受けた可能性があり、ナイトキャップの取り換えや七里靴などペローが考案したと思われるモチーフが多く見られますが、子どもたちを森に捨てに行くエピソードはなく、語りはじめの調子は違っています。

子どもたちを脅かす人食い鬼も、この話では「ならず者」とされています。これは、自分たちの共同体の外の街道や森や山のなかに住む人たちが、それだけで自分たちとはちがったよそ者であり、不思議な存在である、というこの話の語り手の意識の反映でしょう。彼らはおそろしく残酷である一方で、自分たちにはない素晴らしい宝を隠しているかもしれないのです。

「チ・チ・チ・ちいさな話はこれでおしまい」というかわいい語り納めの言葉がついた楽しい語りです。

あとがき ――『ペロー昔話集』と民衆の語り――

1. ペロー昔話集と伝承の語り

『ペロー昔話集』に収められた十一話のうち、「グリゼリディス」をのぞく十話は、フランス各地に伝えられた口頭伝承の話と比較することが可能です。

しかし、ここですぐに思い浮かぶのは「十七世紀末にまとめられた昔話集の話を、二百年以上も後に行われた聞き取り記録と比較することができるのか」という疑問です。

たしかにそれは典型的なアナクロニスム（時代錯誤）であるように思われます。

しかし、ここでまたポール・ドラリュがこの難問を正確かつ適切に解き明かして、私たちに探究の道を拓《ひら》いてくれました。

彼は、フランス各地で語られた「赤ずきん」の三十三の類話を、①ペローの影響を受けた話、②ペローの影響をまったく受けていない話、③ペローの影響を受けながら口頭伝承の要素を残している話、に分類して、現在でもフランスの各地にペローの影響をまったく受けていない話が数多く存在し、一六九〇年代以前から語り継がれてきたに違いないことを証明したのです（260頁・264頁の「娘と狼」と「お婆さんの話」とその解説を参照）。

このドラリュの見方は、多くの研究者の支持を集め、一定の条件を満たせば、口伝えの民話は文献に残された資料と比較することが可能であるという立場が民話研究の主流になりました。

ここで私たちが示したいくつかの口伝えの資料も、一つひとつがペローの話の秘密を解き明かす手がかりを与えてくれると考えられます。

2. ペロー昔話集の複雑な構成

ペローの『昔話集』が「がちょうおばさん（マザー・グース）の話」と名づけられているように、ペローが子どもたちと一緒に身近な語り手から、昔語りを直接に聞いていたことは、ほぼ間違いないように思われます。

しかし彼の『昔話集』の中には「グリゼリディス」のように当時の知識階級の人なら誰でも知っていたに違いないボッカチオの『デカメロン』に収められた話だけではなく、中世のファブリオー

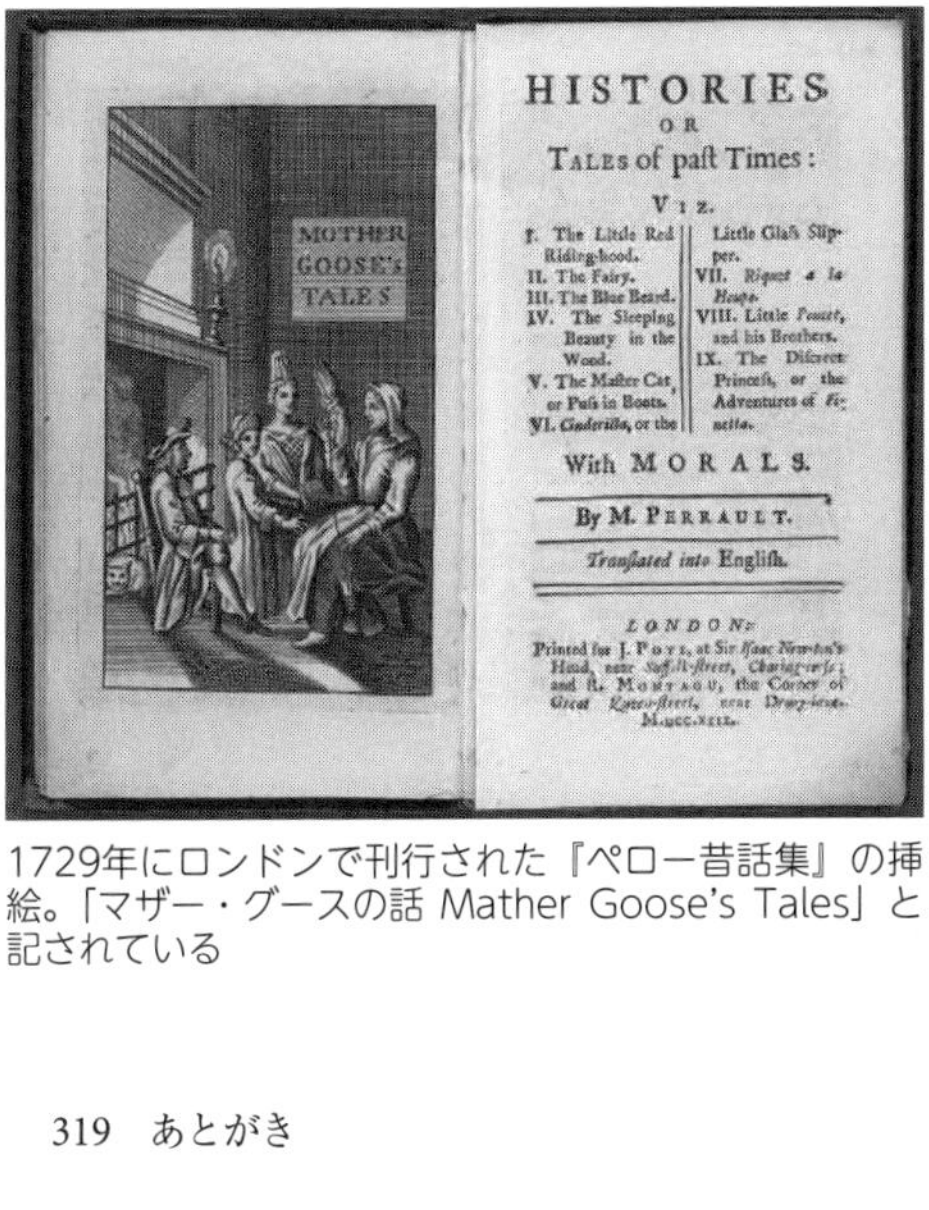

1729年にロンドンで刊行された『ペロー昔話集』の挿絵。「マザー・グースの話 Mather Goose's Tales」と記されている

集（笑話集）に見られる「愚かな願い」や、イタリアのバジーレの『五日物語』の「眠れる森の美女」、ストラパローラの『愉しき夜』の「長靴をはいた猫」、それに「巻き毛のリケ」のように当時の文芸サロンで評判をとっていたに違いない話など、身近な語り手から聞いただけとは思えない話が混じっています。

3. ペローの工夫

とすれば、ペローは『昔話集』を編纂するにあたって、子どもたちと一緒に聞いた話や、イタリアの物語集、中世の笑話などの中から自分が好ましいと思った話を選んで、独自の工夫を加え、彼の生き方や考え方（世界観）にそった話に仕立て上げたとするのが妥当であるように思われます。

たとえば「赤ずきん」の場合を考えてみましょう。

私たちがここで紹介した「娘と狼」と「お婆さんの話」のヒロインは、赤い頭巾を被っていませんし、名前がありません。

ところがペローの「赤ずきん」では、話の冒頭に「赤ずきん」という被り物と「赤ずきんちゃん」というヒロインの呼称が、何度も繰り返されます。読者は、いやでもこの「赤ずきん」というヒロインの名前が忘れられなくなり、このかわいい「赤ずきん」をつけた女の子が狼に出会うと思わず「赤ずきんちゃん、気をつけて」と声援をおくり、食べられそうになると、思わず目をつぶってしまうでしょう。

こうした何気ないアイデアで読者の心をつかむテクニックは、私たちの時代のコピーライターの手法に似ています。たった一言で視聴者の心を虜にしてしまうあの見事な手口です。ペローの『昔話集』は、この手のキャッチコピーに満ちています。

もし「青ひげ」の主人公の髭が青くなかったらどうなるでしょう。サンドリヨンがガラスの靴を履いていなかったら、猫が長靴を履いていなかったら、どうなっていたでしょう。実はこれらは、すべてペローの創作なのです。

4. ペローのキャリア

ここで思い出されるのは、ペローの最初の就職先が「小アカデミーの書記（事務局長）」であったことです。このアカデミーは、メダルや記念碑に刻むラテン語の銘句を考えるのが重要な仕事でした。いったいそんなことが何の役に立つのかと思い悩んでしまいますが、実はその銘句はつねにルイ十四世の威光を顕彰することにあったのです。小アカデミーは、たった一言で「太陽王で、絶対君主で、国家そのものを体現する」大王の威光を人々の心の隅々まで刻み込むことを目的にした組織だったのです。ペローは、この仕事を一六八三年にすべての公職を退く時まで続けていました。

いわば彼は、王という商品を臣民に売り込む元祖コピーライターだったのです。

5. 民衆の知恵とヴェルサイユの権謀術数

ペローに「娘と狼」や「お婆さんの話」の類話を語った語り手と政府高官のペローでは、たしかに住む世界と世界観が違います。

ペローの話のヒロインは、村人たちから「赤ずきんちゃん」と呼ばれる際立った存在で、狼の身体の特徴に疑問を抱き、食べられる寸前まで質問を繰り返す知的な好奇心を身につけています。彼女は、もう少し成長すれば「プレシューズ」と呼ばれた才女の集うサロンに登場してもよいかもしれません。ただの田舎娘ではないのです。

才女たちの集うサロン風景

しかしヴェルサイユの高級官僚であり著名な詩人であるペローと民衆との世界観の違いを際立たせるためには、「赤ずきん」より「サンドリヨン」の方が適当かもしれません。

口承の「サンドリヨン（灰かぶり）」の解説にも書きましたが（295頁参照）、民衆の語る「灰かぶり」には妖精は登場しません。ヒロインに美しい衣装や馬車を与えるのは、彼女が自ら父親に所望したハシバミの実です。そして主人公が美しく変身して出かけるのは、教会のミサで、お城も舞踏会も出てきません。

すでに述べたとおり、民衆の語りもペローの作品も、いずれも思春期の少女の大人への変身を語る物語だと思われます。そして民衆の語りの中には、「灰」やハシバミの実がもつ呪力が語られ、この変身にあたって重要な役割を果たしています。

一方、ペローのヒロインは、民衆なら誰でも知っている灰やハシバミの呪力に関する知識や信仰には無関心です。彼女は、もっぱら名付け親の妖精の庇護にすがるのです。

民衆のヒロインが、暮らしの中で身につけた知恵によって自らを助けるのに対して、ペローのヒロインはヴェルサイユに生きる女なら誰でも知っている「庇護のもとに生きる」術によって救われます。

彼女は、この庇護のもとに宮廷の舞踏会にデビューし、王子の心を射止めます。

この宮廷の舞踏会と、そこに生きる女たちの権謀術数こそ、ペローが若い頃から馴染んだヴェルサイユの宮廷暮らしに相応《ふさわ》しい物語の小道具ではないでしょうか。

この宮廷文化にふさわしい権謀術数が、「青ひげ」や「長靴をはいた猫」や「眠れる森の美女」のヒーローやヒロインをピンチに陥れたり、幸せに導いたりするのだと思います。

6. 聞き手としての子どもに対する配慮

しかし、ここでもう一つ忘れてはいけないことがあります。

それは、ペローの物語の「聞き手としての子どもに対する配慮」です。

ペローは、一六八三年に小アカデミー会員の地位を辞して、完全に官界から身を引きます。彼はその時五十五歳で、五年前に妻のマリー・ギションを失った男やもめでしたが、後に執筆した『回想録』にこの時のことを「休息をとり自由の身になって私は考えた。二十年近くも働きづめに働いて五十の坂も越えたのだから、もう悠々と身体を休めて子どもたちの教育に専念するために引き籠ってもかまわないだろう」と語っています。

おそらく彼はこの頃から子どもと一緒に「がちょうおばさん」の語る昔語りに耳を傾け、子どものための「昔話集」を執筆する構想を抱き始めていたのではないでしょうか。

そして一六九四年に「グリゼリディス」「愚かな願い」「ロバの皮」という三篇の韻文作品をまとめて刊行した際の序文では、こう記しています。

「子どもたちが、堅実一方で魅力のまったくない真実というものの価値をまだ理解できない場合、そうした真実を年齢の幼さに合わせた楽しいお話の衣で包んで、子どもたちに真実を愛するように仕向け、またこう言ってよければ、真実を〈のみこませよう〉とする父親や母親は、ほめられてよいのではないでしょうか。まだ何物にも汚されていない生来のまっすぐな気性をもった無邪気な子どもたちが、お話の中に隠された教訓をどれほど夢中になって吸収するかは、信じられないほどです。物語の主人公たちが不幸な目にあっていると、子どもたちは悲しみ、がっかりしていますが、主人公たちに幸福が訪れると、歓声をあげてよろこびます。また、意地の悪い登場人物たちが運に恵まれたりするとじっと耐えていますが、最後にそれぞれがふさわしい罰を受けると、有頂天になってよろこびます。子どもの心の中に撒かれた種は、初めのうちはせいぜい喜びとか悲しみといった感情を芽生えさせるだけですが、その後、ほとんど必ずといってもよいほど、良い気質となって花を開かせるものです」

この三篇の韻文作品のうち特に「ロバの皮」は、それまでに書かれた「グリゼリディス」や「愚かな願い」のアカデミーの大人たち向けの詩作品の枠を越えて、若い女性や子どもたちに語りかける「人食い鬼や妖精の物語」の領域に足を踏み入れた画期的な作品となっています。

そして一六九五年にルイ十四世の姪であるシャルロット・ドルレアンに、「眠れる森の美女」「赤ずきん」「青ひげ」「長靴をはいた猫」「妖精たち」の五篇をおさめた最初の『がちょうおばさんの話』を捧げた時には、詩作品の約束である韻文を捨てて、散文の語りの世界に入って行くのです。

たしかに、彼の散文作品をまとめた一六九七年の『昔ばなしとその教訓』を読むと、その「教訓」は、読者としての若い女性に向けられたものが多いのですが、なかには「親指小僧」の教訓のようにはっきりと子どもに向けられたものもありますし、よく読むとすべての話に子どもたちに向けられたメッセージが含まれていることが分かります。

民話が子どもたちに向けたメッセージを含んでいることは、今日の私たちにとっては常識ですが、『ペロー昔話集』が生まれた十七世紀末のヴェルサイユ文化の下では画期的なことでした。イギリスのジョン・ロックが一六九三年に『教育論』を著わして、いわば白紙状態（タブラ・ラーサ）にある子どもに対する教育の重要性を説き、フランスをはじめとするヨーロッパ世界のベストセラーになったことからも、ペローの先駆性がよく分かります。

ペローの『昔話集』は、このようにさまざまな視点からの解読が可能ですし、子どもにも大人にも、絵本やアニメの愛好者にも、それぞれの立場や嗜好にしたがって楽しむことが出来ます。東京やロサンジェルスのディズニーランドでは、シンデレラや眠れる森の美女の城を訪れることも可能なのです。

最後に、本書は樋口淳と樋口仁枝が一九八九年に白水社から刊行した『フランス民話の世界』を、「まえがき」に述べた目的のために、増補し必要に応じて訳文を改めた編著作であることをお断りしておきます。

一九八九年に着手された『フランス民話の世界』の試みは、その後『民話の森の歩き方』（春風社、二〇一一年）に受け継がれ、さらに本叢書第一巻である寺田恕子・樋口淳訳『グラビアンスキーの絵本ペロー昔話集』、第五巻以降に刊行予定のマルク・ソリアノ著『ペローの昔話（仮題）』へと続く、一連のフランス民話とペロー研究の一環です。

主要参考文献

1. Paul Delarue & Marie-Louise Tenèse, Le Conte populaire français: Catalogue raisonné des versions de France et des pays de langue française d'outre-mer, Maisonneuve et Larose,Paris,1957-1993.（『フランス民話カタログ』）
2. 寺田恕子・樋口淳訳『グラビアンスキーの 絵本ペロー昔話集』民話の森、二〇二一年
3. 樋口淳・樋口仁枝編訳『フランス民話の世界』白水社、一九八九年
4. 樋口淳『民話の森の歩き方』春風社、二〇一一年
5. 日本民話の会編『ガイドブック世界の民話』講談社、一九八八年（『決定版・世界の民話事典』講談社＋α文庫、二〇〇二年）

【編訳者略歴】

樋口淳（ひぐち・あつし）
1968年に東京教育大学卒業後、ベルギー政府給費留学生としてルーヴァン大学に学び、1975年に帰国し専修大学に勤務。専修大学名誉教授。
著書に絵本『あかずきんちゃん』（ほるぷ出版・1992）、『民話の森の歩きかた』（春風社・2011）、『フランスをつくった王』（悠書館・2011）、『妖怪・神・異郷』（悠書館・2015）などがある。

樋口仁枝（ひぐち・ひとえ）
1966年に東京教育大学卒業後、ベルギー政府給費留学生としてルーヴァン大学に学び、1973年に帰国し、カリタス女子短期大学に勤務。
著書に絵本「ねむれるもりのびじょ」（世界文化社・1989）、『ジョルジュ・サンドへの旅』（いなほ書房・2005）、翻訳に『花たちのおしゃべり』（悠書館・2008）、『マルグリット・デュラスの食卓』（悠書館・2022）などがある。

民話の森叢書2　シャルル・ペローとフランスの民話

発行日　2023年1月25日　初版発行

編訳　樋口淳／樋口仁枝

装丁・組版　戸坂晴子
発行　民話の森
〒150-0047　東京都渋谷区神山町11-17-307
TEL 03-5790-9869 / 090-6037-4516

発売　株式会社国際文献社
〒162-0801　東京都新宿区山吹町358-5 アカデミーセンター
TEL 03-6824-9360

印刷・製本　株式会社国際文献社

 printed in Japan　ISBN978-4-910603-15-5　C0098
定価はカバーに表示してあります